COACHING
A Arte de Soprar Brasas
EM AÇÃO

Tradutora:
Maya Reyes

Revisor Técnico:
Dr. Jairo Mancilha

Leonardo Wolk

COACHING
A Arte de Soprar Brasas
EM AÇÃO

Copyright© 2016 by Leonardo Wolk

Tradução autorizada do original em espanhol *Coaching: El Arte de Soplar Brasas en Acción*, publicado por GranAldea Editores. Todos os direitos reservados.

Copyright© 2016 by Qualitymark Editora Ltda.

Todos os direitos desta edição reservados à Qualitymark Editora Ltda.
É proibida a duplicação ou reprodução deste volume, ou parte do mesmo, sob qualquer meio, sem autorização expressa da Editora.

Direção Editorial	Produção Editorial
SAIDUL RAHMAN MAHOMED editor@qualitymark.com.br	EQUIPE QUALITYMARK

Capa	Editoração Eletrônica
ARTES E ARTISTAS Renato Martins	ARAÚJO EDITORAÇÃO

1ª Edição: 2010
1ª Reimpressão: 2012
2ª Reimpressão: 2016

CIP-Brasil. Catalogação-na-fonte
Sindicato Nacional dos Editores de Livros, RJ

W843c

Wolk, Leonardo
Coaching: a arte de soprar brasas em ação / Leonardo Wolk ; [tradução Maya Reyes ; revisor técnico Jairo Mancilha]. – Rio de Janeiro : Qualitymark Editora, 2016.
224p.

Tradução de: Coaching: el arte de soplar brasas en acción

Inclui bibliografia
ISBN 978-85-7303-927-6

1. Administração de Pessoal. 2. Profissões – Desenvolvimento. 3. Programação neurolinguística. I. Título.

10-1576

CDD: 658.3124
CDU: 658.310.845

2016
IMPRESSO NO BRASIL

Qualitymark Editora Ltda.
Rua Teixeira Júnior, 441 – São Cristóvão
20921-405 – Rio de Janeiro – RJ
Tel.: (21) 3295-9800

www.qualitymark.com.br
E-mail: quality@qualitymark.com.br
Fax: (21) 3295-9824

Agradecimentos

A Estela Falicov, diretora da GranAldea Editores, que, na qualidade de editora, tem sido para mim uma *coach* de excelência.

A Michelle e Carolina Kenigstein, que têm contribuído com sua maestria criativa e editorial para que este livro seja possível.

A todos aqueles que compartilharam comigo suas histórias de vida e existência.

Aos que sentem paixão por aprender.

*Aos meus avós, seus pais e os pais de seus pais,
minhas raízes, tão presentes em sua ausência.*

*Aos meus pais, primeiros peregrinos que
incrustraram em mim o amor pelas travessias.*

*A Diego e Fernando, meus filhos,
que levam em seu sangue a nobreza de seus ancestrais.*

Prefácio

O MUNDO

Um homem do povo de Neguá, na costa da Colômbia, pôde subir aos céus. Em sua volta, contou. Disse que havia contemplado de lá de cima a vida humana. E disse que somos um mar de foguinhos. O mundo é isso – revelou. *Um montão de gente. Um mar de foguinhos.* Cada pessoa brilha com luz própria entre todas as demais. Não existem dois foguinhos iguais. Existem fogos grandes e fogos pequenos. E fogos de todas as cores. Existe gente de fogo sereno que nem se dá conta do vento, e gente de fogo louco, que enche o ar de fagulhas. Alguns fogos, fogos bobos, nem iluminam nem queimam; mas outros ardem a vida com tanta vontade que não se pode olhar para eles sem pestanejar e quem se aproxima se acende.

Eduardo Galeano, *O Livro dos Abraços*.

SUMÁRIO

Introdução 1
    Dar e Receber 2

Primeira Parte
Novas Contribuições para a Teoria e a Prática do Coaching

Capítulo I: *Coaching*, Aprendizagem e Liderança
    Transformacional 9
    Aprender na Ação 9
    Por que TransformAção? 17
    Liderança e Transformação Pessoal 18

Capítulo II: *Coaching* Grupal 23
    A Lição do Fogo 23
    1. Multiorganizacional ou Interorganizacional 28
    2. Intraorganizacional 40
    3. Institucional ou Comunitário 43
    4. *Coaching* para *Coaches* 46
    5. Intervenções Focalizadas ou Específicas 49
    Conclusão 49

Capítulo III: *Coaching* com Psicodrama Contribuições do Psicodrama
ao *Coaching* para uma Teoria de Papéis e da Dinâmica Grupal nas
Organizações 51
    Origens 52
    O Encontro 56
    Espontaneidade-criatividade 57
    Locus, Matriz e *Status Nascendi* 60
    Os Papéis 65
    Conclusão 73

Segunda Parte
Soprar Brasas em Ação. Práticas Transformacionais

Capítulo IV: O Jogo e Outras Práticas. Considerações Teóricas e Metodológicas 77
    O Jogo. Seu Significado na Expansão de Si-mesmo e do Entorno 81
    Teoria da Prática 83

Capítulo V: Autorreflexão e Conhecimento de Você Mesmo 89
    1. Indagando-me 89
    2. Gente Conhecida 91
    3. Autobiografia 92
    4. Argumento de Vida 93
    5. Viajantes do Tempo I 94
    6. Viajantes do Tempo II 95
    7. Respirar e Escutar I 96
    8. Respirar e Escutar II 97
    9. Dar-se Conta na Comunicação 98
    10. Quem Você É? 100
    11. Eu Te Dou... 102
    12. Identificações Parciais 103
    13. Cruzar os Dedos 104
    14. Quem Sou?
    15. Sucessos e Aprendizados 109
    16. Em Busca de Metas 111

Capítulo VI: Atividades para Gerar contexto Apresentação e Quebra de Gelo 115
    Bastão do Falar e Escutar 115
    17. Registro de Início e Registro de Finalização 118
    18. Quebrando o Gelo 122
    19. Respirar, Observar e Escutar 123
    20. Agrupamentos Sociométricos 125
    21. Apresentação Pessoal no Início de um Grupo 127
    22. Apresentação por Equipes 129
    23. Redes de Relacionamentos 130
    24. Mensagem de Boas-vindas e de Despedida 132
    25. O Círculo 133
    26. Conversando com as Costas 134
    27. Conversando com as Mãos 135

CAPÍTULO VII: INTEGRAÇÃO E COMUNICAÇÃO 137
   28. Encontrar o Complementar 1 137
   29. Encontrar o Complementar 2 138
   30. Procurando Minha Família 139
   31. Soprando Brasas 140
   32. Objetos Especiais 141
   33. Círculos Concêntricos 142
   34. Uma História Cidadã 143

CAPÍTULO VIII: FANTASIAS GUIADAS 147
   Viagens Imaginárias 147
   35. Encontro com uma Pessoa Sábia 148
   36. A Casa Abandonada 150
   37. A Loja de Penhores 151
   38. Estátua em uma Exposição 152
   39. A Busca 153
   40. Resposta Pessoal Frente a um Conflito 155

CAPÍTULO IX: PRÁTICAS CORPORAIS. CORPO-AÇÃO-EMOÇÃO 157
   41. Escultura 1 157
   42. Escultura 2 159
   43. O Desejado e o Temido 160
   44. Corporificando Relações Inter-pessoais 160
   45. O Cenário 161
   46. Olhar e Ser Olhado 162
   47. O Hipnotizador 164
   48. Construindo um Afresco 165
   49. Corrida Lenta 167
   50. Congelados 167
   51. Corpo a Corpo 168
   52. Ativando os Sentidos 168
   53. Círculo de Ritmos 169
   54. A Batida do Coração 169
   55. Observação e Propósito 170
   56. Pólo Positivo/Pólo Negativo 170
   57. Bloqueio Emocional 171
   58. Registro de Emoções 176
   59. O Assado Queimou 178

CAPÍTULO X: TRABALHO EM EQUIPE 181
   60. Qualidades de um Líder 181

A "Rádio-Corredor". As Rotinas Defensivas nas Organizações 183
61 Falar na Ausência I 186
62. Falar na Ausência II 187
63. As Cartas Anônimas 189
64. Auxílio e Apoio 192
65. De Porto Seguro a Ponto Futuro 194
66. Travessia na Selva 195
67. O Desafio 196
68. Ritmo e Respiração 197
Ver o que se observa 197
69. Personagens, Papéis e Imagens 198
70. Personagens, Ação e Palavra 199
71. Emblema Pessoal, Grupal ou da Equipe 200

Epílogo 203
Referências Bibliográficas 205
Sobre o Autor 209

Introdução

O texto que precede esta obra representa uma versão poética do que, eu penso, é minha profissão. Por isso o escolhi.

O que o *coach* faz? Soprar brasas para ajudar as pessoas, grupos e equipes a aprender a estar em acordo consigo mesmo e a redesenhar os acordos que têm com o mundo; estar mais de acordo com a sua existência. Gerar novas respostas; parar de repetir. Arder na vida com tanta vontade que quem se aproximar também se acenda.

Nos últimos dez anos a prática do *coaching* teve um desenvolvimento enorme no mundo e muito particularmente na Argentina. Convivem diferentes abordagens, teorias, estilos e escolas; várias delas muito sérias e com muito respeito pela teoria e pela prática.

Fui convidado a participar do Primeiro Congresso Argentino de *Coaching* que foi realizado em Buenos Aires em junho de 2006. Com muita satisfação, compartilhei com colegas e entusiastas aspirantes a *coach* diferentes perspectivas e o desejo comum de construir uma identidade profissional baseada em respeito pelas diferenças e com a ideia de integração e intercâmbio que possibilitem o crescimento contínuo.

Nesse encontro, se disse que o *coaching* deixou de ser uma disciplina emergente, embora, na minha opinião, ainda exista muito para ser feito, definido, esclarecido, construído, desenvolvido para que o *coaching* se constitua como uma profissão reconhecida.

Vejo o *coaching* hoje como uma disciplina com todas as características da adolescência: com desejos, com potencial, provocativa, temerária, desafiante, questionadora e, de vez em quando, ainda errante, instável, às vezes insegura e imatura, às vezes entrando por espaços que não lhe pertencem e outras vezes desorientada, mas em busca de si e indagando, com vontade de trabalhar.

Da forma que entendo, o *coaching* ainda é uma disciplina incompleta, em pleno processo de autodesenvolvimento. Tem limites e tem enormes espaços de possibilidade.

Cada nova contribuição abre possibilidades de modificar o observador que somos.

Este texto foi gerado com a intenção de ser uma contribuição e com a expectativa e o desejo de que cada leitor se transforme em um coautor. Para compreender, interpretar e multiplicar a partir do observador que é.

DAR E RECEBER

É necessário dizer que a resposta a todas as perguntas está na natureza. Tanto no *coaching* como na vida, é necessário saber perguntar e estar muito atento a observar e escutar.

> *Ao norte de Israel está Kineret, o Mar da Galileia. O rio Jordão – cheio de peixes e com muita vida ao seu redor – desemboca nele por cima, e continua seu curso pela parte inferior. Recebe e dá. Continua em direção ao Sul e desemboca no Mar Morto. Aqui, não há mais curso, ele apenas recebe; como seu nome indica, não há peixes e existe muito pouca vida ao seu redor.*

Conosco acontece de forma semelhante: se recebemos e damos, estamos vivos e geramos vida ao redor; se recebemos sem dar, não existe em nós muita vida, e tampouco ao nosso redor.

Um conceito "provocador" que quero compartilhar é aquele que diz que "amar é depreciar" (antes que você fique com raiva, vou te contar por quê). Depreciar, no sentido de baixar o preço, reduzir. Dialeticamente, ao amar, renunciamos a uma parte do amor por nós mesmos para direcioná-la a outro. Investir em outro o nosso amor. Dar é também receber. Ao dar, geramos amor. O amor que retorna nos alimenta e enriquece, recuperando as perdas.

Em *A Arte de Soprar Brasas*, compartilhei uma parte de minha travessia pessoal. Lá, lhe convidei a me acompanhar e também a continuar a aprendizagem que é trazida pela sua própria criatividade e a desenvolver novas trilhas.

Ao escrever compartilhando experiências e aprendizagens, dei e pus muito amor e, como em um parto, chegou o momento em que senti um vazio. Mas na dialética da existência, este amor retornou em inumeráveis cartas e comentários, às vezes um poema, às vezes uma reflexão.

Isso me encheu novamente de energia criadora e transformadora. Sopraram minhas próprias brasas, convidando-me, dessa vez vocês, a prosseguir a viagem.

Aqui estou novamente abrindo este diálogo. Iniciando um caminho para compartilhar a solidão das minhas reflexões. O meu é um convite. Não a lhes contar uma viagem, mas sim a viajar juntos, viajar com o outro. Proponho-me a fazê-lo no papel de irmão; par entre pares.

Como em toda viagem, existe um itinerário a seguir: *Coaching: A Arte de Soprar Brasas em Ação* consta de duas partes.

Na primeira – que é composta de três capítulos – apresentarei novas contribuições para a teoria e a prática do *coaching*, que são resultado de reflexões frente a inquietudes de alunos e colegas, enfrentamentos reais ou imaginários frente à situação de ser *coach* de outros. Os desenvolvimentos desses três capítulos iniciais foram concebidos graças a perguntas ou declarações como "o que eu faço se...?", "como você resolveria esta situação...?" ou "tenho medo de não conseguir...". Em cada uma delas também existirão exemplos de aplicação prática, exercícios e relatos variados.

O Capítulo I foi pensado em relação ao conceito de Aprendizagem Transformacional. Retomo nele alguns temas sobre os quais conversamos em *A Arte de Soprar Brasas*. Refiro-me à Liderança e ao *coaching* como processo onde se articula a ação com o transformacional.

No Capítulo II, compartilho com vocês minhas pesquisas e experiências em teoria, técnicas e aplicações do que considero ainda uma modalidade pouco explorada: o *coaching* grupal.

Vivemos e agimos com e entre os outros e o *coaching* grupal potencializa esta interação.

Minha intenção é pensar e apresentar o *coaching* grupal como um instrumento metodológico no campo do *coaching*. Descrevo, através de exemplos, intervenções em diferentes âmbitos, assim como algumas das dinâmicas implementadas.

No Capítulo III, exponho uma síntese da articulação que pratico entre a teoria e a prática do *coaching* com a teoria e a prática da Psicologia e da Sociodramaturgia. Palavra, corpo e emoção formam um amálgama na prática através desta metodologia, que chamo do *coaching* com Psicodrama e que exponho neste capítulo através de desenvolvimentos teóricos, exemplos de intervenções muito pontuais, por meio de casos e exercícios para o *coach*.

A segunda parte, Práticas Transformacionais, é composta de seis capítulos.

O Capítulo IV começa com o conceito de Jogo e continua com a explicação do seu significado na expansão de si mesmo e do ambiente. É um capítulo de introdução a numerosas práticas transformacionais que serão apresentadas nos capítulos subsequentes.

Os Capítulos de V a X apresentam dinâmicas e exercícios para *coaches*, líderes e todas as pessoas que trabalhem com grupos.

O Capítulo V agrupa dinâmicas de autorreflexão e autoconhecimento.

O Capítulo VI desenvolve exercícios de apresentação e geração de contexto para a ação.

O Capítulo VII descreve práticas de questionamento e comunicação.

No Capítulo VIII, o leitor irá encontrar o desenvolvimento de várias fantasias guiadas.

O Capítulo IX desenvolve dinâmicas que integram corpo, ação e emoção.

No Capítulo X, são descritos diversos exercícios úteis para promover o trabalho em equipe.

Apresento todos os exercícios e dinâmicas numa sequência muito genérica, já que as possíveis categorias são sobrepostas e se interpenetram. Por exemplo, existem dinâmicas que podem ser utilizadas tanto no *coaching* em dupla quanto no *coaching* grupal; outras são tão importantes numa tarefa corporal como para o questionamento no domínio emocional.

Por essa razão, deixo a articulação e a implementação das práticas livres à necessidade e preferência de cada um de vocês, de acordo com seu critério pessoal.

Querido leitor, convido-lhe a iniciar esta travessia.

Leonardo Wolk
leowolk@arnet.com.ar

Primeira Parte

Novas Contribuições para a Teoria e a Prática do Coaching

Capítulo I
Coaching, *Aprendizagem* e *Liderança Transformacional*

Aprendizado é experiência; todo o resto é informação.
Albert Einstein

Aprender na Ação

Quando eu era um jovem profissional, consultei o *I Ching*[1].

Eu estava começando a trabalhar como psicólogo e a minha pergunta foi: "Terei sucesso?"

Meu desejo explícito era transcender. Logo entendi que a minha arrogância naquela época confundia transcender com ser famoso. Com a experiência, aprendi a diferença, e hoje, com humildade, escolhi a primeira opção. Transcender é escutar que vinte anos depois alguém me escreva para dizer que ainda me tem presente e que o curso que fez comigo marcou um "antes e depois" em sua existência.

Com minha pergunta, levei a cabo o procedimento para obter a resposta do livro e com o maior assombro de minha parte, a mesma foi o hexagrama intitulado "A necessidade juvenil".

Ali, resumidamente – e sem sair de meu estupor – li:

---
[1] *O Livro das Transformações ou Mutações*, texto de sabedoria milenar de origem chinesa.

> *"A necessidade juvenil tem sucesso.*
> *Não sou eu quem busca o jovem tolo,*
> *O jovem tolo é quem busca a mim.*
>
> ....
>
> *É propícia a perseverança."*
>
> *E prosseguia:*
>
> *"Na juventude, a necessidade não é nada má. Apesar de tudo, pode até mesmo alcançar o sucesso. Mas é preciso encontrar um mestre experiente, e defrontar-se com ele de modo apropriado. Para ele faz falta, em primeiro lugar, que se advirta sua própria inexperiência e inicie a busca por um mestre. Somente uma semelhante modéstia e diligência criarão a necessária disposição receptiva, que haverá de se manifestar em um reconhecimento devoto diante do mestre (...). A resposta que o mestre oferece às perguntas do discípulo há de ser clara e concreta, como a resposta que o consulente deseja obter de um oráculo (...). Quando a isto se agrega a perseverança que não cessa até que tenhamos nos apropriado do saber ponto a ponto, teremos assegurado um belo sucesso. (...) Aquele que busca o aprendizado, livre de soberba, tem tudo a seu favor".*

Então o texto me antecipava o caminho da aprendizagem. Buscar o mestre!

Mas onde? Quem?... Qualquer um, em todo lugar; nas pessoas e na natureza; aprendi com os cães e com as plantas. A aprendizagem não dependia de nada mais do que do meu desejo de aprender, e para isto devia encontrar o aprendiz humilde dentro de mim.

> *Conta a lenda que finalizada a obra da Criação, resolveu Deus fazer uma travessura, que desafiava a capacidade dos homens, e tomou a decisão de esconder-se.*
>
> *Os anjos que o rodeavam começaram a esboçar algumas ideias.*
>
> *O primeiro pensou no cume do monte mais alto do mundo.*

– Não, respondeu o outro. Eles têm força e alguma vez, facilmente, alguém pode subir e se o encontrar, todos saberão onde ele está.

O segundo sugeriu o fundo do mar.

– Mas eles são curiosos, replicou um terceiro anjo, e alguma vez alguém vai construir um aparelho para mergulhar e facilmente o encontrarão.

– Será então em um planeta longe da Terra, disse um quarto. Ele lhes deu inteligência, e um dia alguém construirá uma nave na qual possam viajar a outros planetas.

Deus, que havia permanecido em silêncio escutando atentamente cada uma das propostas disse, por fim:

– Creio saber onde me esconder para que a tarefa lhes permita viver desafiadoramente a cada dia.

Todos se viraram assombrados e perguntaram em uníssono:

– Onde?

– Eu me esconderei dentro deles mesmos, em seu coração. Estarão tão ocupados a me procurar lá fora, que somente os mais inteligentes, os mais humildes, mais honestos, mais sinceros, não somente com os outros, mas também consigo mesmos, serão os que me encontrarão.

Lembre-se das palavras de Jesus Cristo: "A mensagem – ou o mestre – chega quando o aluno está preparado".

É uma travessia que começa com você mesmo.

O primeiro passo implica, de certo modo, uma ferida narcisística. É reconhecer ou declarar que há algo que "não sei" ou "não posso". Esta "ferida" traz certa dose de sofrimento, de dor ou ao menos de desconforto. A transformação, junto com o crescimento, implica morrer ou alquimicamente se transmutar. "O desafio é o arquétipo da transformação, a matriz da transformação" (Gutmann e Iarussi, 2005). Diante da mudança, na psicanálise falamos da morte de aspectos parciais, e não da morte real. Morte daqueles aspectos que não nos agradam, do que provoca dor, desconforto, sofrimento ou conflito. Ao resistirmos à dor, sentimos resistência a nos darmos conta, a aprender.

> *As pessoas não resistem à mudança,*
> *resistem a ser mudadas.*
>
> Peter Senge

Diante da transformação, existe a ambivalência. Desejo e repulsa. O medo da própria morte é expresso como resistência à mudança.

Para nos darmos conta, é preciso fazer travessias, nos movermos na direção de uma busca por vezes dolorosa, muitas vezes gratificante, e sempre reveladora, que chamamos de transformação.

Podemos nos dar conta e reconhecer que há algo que não sabemos, mas ainda assim escolhemos não querer saber, não aprender (porque não está em nosso campo de interesses, porque escolhemos aprender outras coisas, por dificuldades de todo tipo, ou por qualquer outra coisa).

O segundo passo – então – é "querer saber", para que tenho que me atrever à mudança e à transformação. Nesta escolha estamos nos transformando em cocriadores. Cocriadores e coautores da transformação de nossa vida. Isso faz com que entremos em uma travessia em direção ao nosso próprio interior.

O discípulo falou:

– Eu gostaria de aprender, você me ensinaria?

– Não acredito que você saiba como aprender – disse o mestre.

– Você pode me ensinar a aprender?

– Você pode aprender a deixar que eu te ensine?

O ensinar só é possível quando também é possível aprender.

O mestre não é o que guia, mas aquele que ajuda no autodescobrimento e que descubras a partir de ti a realidade.

Anthony de Mello, A Oração da Rã

Geralmente, não tenho nada a ensinar aos *coaches* sobre aspectos técnicos ou profissionais. Nisso, aprendo com eles. Não sei muito sobre tecnologia da informação, tampouco de alimentos, indústrias em geral, telefonia, bancos etc. Minha área de intervenção são os processos. E especificamente os processos humanos, o comportamento organizacional. Aprendo com meus *coachees* e vice-versa. O *coaching* é uma tarefa de aprendizagens mútuas.

Nas atividades que coordeno, geralmente os participantes são chefes, gerentes, líderes, docentes, excelentes profissionais, muito dedicados às suas tarefas e ainda têm enormes oportunidades de aprender (expandir a capacidade de ação efetiva) no que são processos humanos.

> *Os avanços mais sensacionais do século XXI*
> *não ocorrerão pelo desenvolvimento tecnológico,*
> *mas sim pela expansão do conceito do que significa ser humano.*
>
> John Naisbit

– Isso que você ensina é sensacional, Leo – um *coachee* me disse certa vez – mas segunda-feira, quando voltar ao escritório, a realidade será outra. A pressão é enorme e meus empregados, se não forem tratados no grito, não trabalham.

Ainda que não tenha gostado do que ouvi, agradeci a honestidade com que foi dito e, apoiado na minha experiência, afirmo que esta é a voz de muitos que falam uma coisa e praticam outra.

Existe incongruência entre o dizer e o fazer.

Esta incongruência não é apenas pessoal, é também organizacional.

Quantas organizações são congruentes com os valores que declaram?

Quantos sorrisos irônicos provocam a declaração "nosso maior patrimônio são os recursos humanos"? É uma vergonha dizer isso, mas existem aqueles que continuam repetindo essas palavras como um *slogan*.

– Sim, é verdade, X abusa do seu pessoal... mas vende! – escutei certa vez.

– Vende mesmo (qualquer que seja seu aspecto), ... é linda! – escutei numa outra vez

Ironicamente, alguém me disse certa vez: "quando as ações sobem, os valores caem..."

Somente algumas pessoas dão a resposta quando consultadas sobre os valores declarados de sua empresa. Salvo honrosas exceções que geralmente não são lembradas.

Muitas vezes as organizações e suas contradições entre o dizer e o fazer são geradoras de patologia, adoecem. Em consequência, seu pessoal, seus humanos com recursos, adoecem.

Geralmente, a origem dessa patologia é projetada, é posta fora da organização. Milhares de explicações tranquilizadoras são prova disso:

– Se fosse por mim...

– Se não fosse por...

A culpa é da empresa, a voracidade do tempo, a competitividade do mercado, o mau humor do meu chefe, a pressão dos acionistas, etc. etc.

Reconheço e afirmo, não obstante, que existem muitas pessoas honradas e competentes com vocação de liderar, servir e viver que aspiram à coerência e à impecabilidade.

Para crescer e mudar, para transformar, temos que estar dispostos a revisar nossos sistemas de crenças, nossos modelos mentais; estar "na mente do aprendiz".

> *Em tempos de mudança, os aprendizes sobreviverão, enquanto que aqueles que tudo sabem estarão bem equipados para um mundo que já não existe mais.*
>
> Eric Hoffer

Estar na frente dos participantes dos meus cursos é sempre um desafio. Tenho de tudo, como em uma farmácia. Tem aqueles que vêm por escolha e aqueles que vêm "porque mandaram"; os desejosos de aprender e os céticos com medo de "mais do mesmo". Os hipócritas, descrentes de tudo (até de si mesmos), que vivem fazendo o possível para demonstrar que nada é possível e também os ávidos por transformação.

O que se passa a seguir é que, já confiantes, e com aceitação, muitos me dizem: "Leo, isso é excelente, mas acho que quem devia vir aos seus cursos é o meu chefe. Ele ainda precisa aprender". Geralmente isso é dito com humor e depois das costumeiras piadas a respeito, costumo dizer ao meu ocasional interlocutor: "gostaria de lhe perguntar uma coisa: suponhamos que não fosse você que tivesse sido enviado a esse curso mas sim seus subalternos... com absoluta honestidade, o que você acha que eles estariam dizendo?" Poucos segundos depois, a resposta costuma ser: "o mesmo que eu acabei de falar do meu superior!" Agradeço sua intervenção e continuo: "então, sabe de uma coisa? Por enquanto, não se preocupe com seu chefe. Pode ser que ele jamais mude. E que isso nem interesse a ele, mas existe um conjunto de pessoas que está esperando a sua liderança. A aprendizagem para que você possa se abrir com humildade lhe servirá aqui ou em qualquer outra empresa, organização ou lugar que a vida lhe leve no futuro. Que você aprenda, dê sentido à sua presença neste lugar. Se não serve para mudar a organização, pelo menos – isso não é pouco – serve para sua transformação pessoal".

Para resgatar o "ser" humano é apropriado gerar contextos de respeito, confiança e motivação. Que estas deixem de ser palavras vazias de sentido e prática.

Quando me dizem: "tudo isso é muito lindo, mas...", continuo sustentando minha crença nas possibilidades do ser, e digo:

– Encontre os espaços de aplicabilidade, e não os limites da prática.

> *Ao finalizar um dos cursos, enquanto celebrávamos o encerramento com uma reunião para a qual foram convidados esposas, maridos e amigos dos participantes, uma mulher se aproximou de mim e disse: "você é o Leo?" Frente à minha afirmação, ela acrescentou sorrindo: "tenho muito que lhe agradecer, sabe... meu marido é outra pessoa". Agradeci, feliz com o seu comentário, e acrescentei: "tomara que o pessoal que é liderado por ele ache o mesmo".*

Se é possível transformar o agir dentro de determinados âmbitos, deveria ser possível também em outros. Mas da mesma forma que este gerente encontrou um contexto favorável na sua casa, as organizações devem também se comprometer com a mudança de todos e cada um de seus níveis, praticando o que dizem.

Nos meus seminários, conversando sobre os valores da empresa que representam, costumo perguntar aos meus alunos: "vocês estão de acordo com o respeito?" A resposta é massivamente sim. "Vocês são respeitosos com seus subalternos?" (dúvidas e sorrisos) "nem sempre!" Continuo perguntando: "concordam com a honestidade?" novamente, a resposta é sim (quem vai dizer que não! Se além de tudo é um valor declarado da empresa que lhes paga o salário). "Quantos de vocês foram coerentes com isso, atendendo na loja da sua sucursal?" (novamente, sorrisos cúmplices).

Escutei a seguinte opinião, que me pareceu reveladora:

"A rentabilidade é para um negócio o que o oxigênio é para as pessoas; se há pouco, é um problema... agora, se você acredita que a vida é uma questão apenas de respirar, tem algo que você não está entendendo acerca do próprio sentido de viver."

Uma coisa é *saber* o que é correto e algo muito diferente é fazer o que acreditamos que é correto.

Gerenciamento se refere ao que fazemos, à gerência; liderança se refere ao que nós somos.

Praticar o Evangelho a todo momento,
mas usar palavras apenas quando seja necessário.

São Francisco de Assis

É provável que seja uma utopia, mas muitas das realidades de hoje foram construídas sobre utopias do passado. Pessoalmente, quero continuar acreditando e apostando nelas.

Aspectos e ferramentas que até recentemente eram considerados leves ou brandos, são atualmente valorizados.

Amor, emoções, valores constituem hoje realidades que impactam e condicionam o sistema. Acabo pensando que se no lugar de fazer a lista de países desenvolvidos e subdesenvolvidos com base nas variáveis econômicas fosse feito sobre a capacidade de desenvolvimento amoroso, a ordem mundial seria outra.

Conta-se a história de um rico fazendeiro do século XVII que estava tentando encontrar um marido apropriado para sua jovem e formosa filha. Entre outras virtudes, o homem desejava que o suposto jovem fosse também um estudioso versado na Bíblia. Sendo assim, pediu para fazer uma breve charada no templo do vilarejo com uma intenção especial: a pessoa que resolvesse o problema cabalístico que ele ia apresentar seria a escolhida.

Sua apresentação fascinou os estudantes presentes. Dado que nenhum deles soube encontrar a solução para o problema apresentado, o fazendeiro subiu em sua carroça para se dirigir ao templo de uma cidade próxima. Depois de andar alguns metros, escutou passos apressados e, olhando para fora do carro, reconheceu um dos jovens alunos correndo com grande esforço para alcançá-lo. Ele parou a marcha dos cavalos e esperou que o jovem chegasse e recuperasse o fôlego.

– E então – disse o homem – por acaso você tem uma resposta para minha pergunta?

– Não – respondeu o jovem – mas preciso saber: qual é a resposta?

O fazendeiro sorriu e acrescentou:

– É um jovem como você que eu quero como genro.

POR QUE TRANSFORMAÇÃO?

Com pacientes, *coachees* e alunos, formei alguns conceitos que surgiram da nossa aprendizagem conjunta. Daí, por exemplo: "esquizofriante" mistura esquizofrenia e arrepiante. Ou "sincericídio", conjunção de sinceridade com homicídio, e também suicídio. Brincando com esses conceitos descritos acima, surgiu o conceito de TransformAção.[2]

---

[2] Tempos depois, encontrei em várias referências – quem sabe até anteriores à nossa palestra – em David Gutmann e outros realizadores de FIIS – Forum Internacional de Inovação Social (Gutmann e Iarussi, *op. cit.*)

A partir das minhas raízes como psicodramatista, aprendi a importância de – como dizia J. L. Moreno, criador do Psicodrama – encontrar a verdade da alma através da ação. Provavelmente, a transformação mais significativa que Moreno introduziu em sua teoria para a compreensão do ser e das relações interpessoais pode ser resumida dizendo: "no princípio, era a ação".

Aprendizagem é experiência, é informação + ação.

A experiência é breve, passa; mas, se aprendemos...seus efeitos duram a vida toda.

Linguagem é ação.

Emoção é ação.

É uma concepção ativa do aprender e, como diz Maturana (1990), da linguagem. Também do emocionar.

Em *Coaching: a arte de soprar brasas* falo do poder gerador da linguagem e digo que a linguagem não nos permite apenas falar "sobre as coisas". Mas que, ao ser geradora, "faz com que as coisas aconteçam". Por seu caráter gerador e transformador, a linguagem cria realidades e nos possibilita projetar o futuro.

Também digo no livro que o *coaching* despontará não apenas como a expansão da capacidade de ação de uma pessoa, mas que tal expansão será consequência de uma modificação do tipo de observador que essa pessoa é. Transformando o observador, abriremos possibilidades para gerar novas respostas onde antes elas não existiam. A isso chamamos aprendizagem transformacional.

Assim, aparece o conceito de TransformAção: transformação e ação.

LIDERANÇA E TRANSFORMAÇÃO PESSOAL

No século XXI, liderar de uma maneira diferente irá requerer dos líderes que estes tenham os conhecimentos específicos de suas tarefas, técnicas ou profissionais, mas que saibam que isso apenas não é garantia de resultados. Resultados diferentes requerem ações diferentes que, por sua vez, requerem pessoas que pensem de maneira diferente.

> *"a primeira e principal responsabilidade de qualquer um que pretenda gerenciar[3] é gerenciar a si mesmo. Gerenciar sua própria integridade, seu caráter, sua ética, seu conhecimento, sua sabedoria, seu temperamento, suas palavras, seus atos. Essa é uma tarefa complexa, interminável, incrivelmente difícil e muito pouco reconhecida. A gerência de nós mesmos é algo a que dedicamos muito pouco tempo e no que raramente conseguimos resultados destacáveis. Porque se trata de algo muito mais difícil que o mero determinar e controlar a conduta dos outros. Sem gerenciar a si mesmo, ninguém está em condições de exercer autoridade, não importa quanta autoridade lhe seja conferida. E quanto mais autoridade lhe é entregue, mais perigos se aproximam. A gerência de nós mesmos deveria consumir a metade de nosso tempo e o melhor de nossas habilidades. E quando nos dedicamos a ela, os elementos éticos, morais e espirituais acabam sendo não-ludibriáveis".*
>
> (Hock, 2001)

Acredito que mesmo neste mundo tendenciosamente globalizante e uniformizante existe muito a ser feito e para transformar. É importante recuperar a subjetividade e aprender a ser capaz de gerir a singularidade do nosso ser.

É transformação pessoal mas não apenas transformação pessoal. Requer ações que gerem contexto para esta transformação. Quem constrói os processos somos nós, os humanos. Com rentabilidade, mas também com respeito, com humildade, com valores e com dignidade. Se não for assim, continuamos promovendo esquizofrenia organizacional, patologia institucional de mensagens contraditórias.

Nesse sentido, entendo que o *coaching* é uma oportunidade.

Que cada um de nós aprenda e atue, dando sentido à nossa presença neste mundo. Dar este sentido é transcender (e podemos chegar a fazê-lo sem sermos famosos).

---

[3] Liderar, *coachear*, viver, acrescento eu...

> *Encontrei a resposta; agora, você poderia me lembrar da pergunta?*
> Woody Allen

Costumo fazer as seguintes perguntas aos meus pacientes e *coachees*:

- Quem você vai ser diante das circunstâncias que a vida lhe apresenta?
- Quem você irá escolher ser: vítima ou protagonista?
- Que possibilidades você se dará para ser coautor?
- Quais são aqueles aspectos de você mesmo com os quais não está de acordo e quer modificar (transformar)?

Na dialética destas perguntas, o *coach* contribui ao despertar o nômade adormecido que existe em cada um e sopra brasas para acender o fogo da migração para a travessia transformadora. Acompanha na descoberta de novos recursos para a transformação.

Não é uma travessia fácil. Os cantos das sereias são tentadores e sedutores. Em mim, esta ambivalência também aparece. Algumas vezes, vence o cético pessimista que se enraivece com o ser humano e sua dificuldade para mudar, e outras vezes vence o que se conecta com o amor, com a vida e com a possibilidade como oportunidade.

É uma aprendizagem recursiva: praticar e voltar a praticar. Como no *I Ching* "*a perseverança que não cessa até que tenhamos nos apropriado do saber ponto a ponto; então, teremos assegurado um belo sucesso*".

Esta transformação é possível.

> *Os homens, ao terem notícias de muitas coisas sem aprender, acreditaram ser muito doutos, mas não sabiam nada.*
> Sócrates

Não se aprende a dirigir um carro com *e-learning*.

Não se aprende a liderar consultando bibliografia.

Ninguém é uma pessoa, gerente, líder, *coach* melhor por ler livros sobre o tema, ver vídeos ou assistir a cursos. Tudo isso serve e soma, e existem coisas realmente interessantes para ler, escutar e observar. O desenvolvimento de habilidades e a capacidade de transformação requerem prática e coerência.

Talvez, a transformação seja uma resposta possível.

A transformação é o caminho, não é o destino final.

A melhor maneira de fazer é ser.

Lao-Tsé

Capítulo II
Coaching Grupal

A Lição do Fogo

Um homem que ajudava regularmente um grupo deixou, sem aviso prévio, de realizar suas atividades.

Depois de algumas semanas, o líder do grupo decidiu visitá-lo.

Era uma noite muito fria.

Ele encontrou o homem em sua casa, sozinho, sentado em frente a uma lareira onde ardia um fogo brilhante e acolhedor. Antecipando a razão da visita, o homem desejou boas-vindas ao líder, convidou-o a sentar-se junto ao fogo e permaneceu quieto, esperando.

O líder aceitou o convite e, sem dizer uma palavra, sentou-se confortavelmente.

Em silêncio, contemplava a dança das chamas em torno das brasas que ardiam.

Depois de alguns minutos, sempre em silêncio, o líder escolheu uma delas, a mais incandescente de todas e a separou do resto das brasas ardentes. Acomodou-se em sua cadeira e permaneceu calado.

O anfitrião prestava atenção a cada um de seus atos com fascinação e quietude.

Assim, ele observou como a chama da brasa solitária diminuiu até se apagar de vez.

> Em pouco tempo, o que antes era uma festa de luz e calor, agora não passava de um carvão coberto de cinzas.
>
> Nem uma palavra foi dita desde o cumprimento protocolar inicial entre os homens.
>
> O líder se levantou, apressando-se em sair. Pegou então o pedaço de carvão, recolocando-o novamente no meio do fogo ardente. Quase imediatamente, o carvão voltou a se acender, alimentado pela luz e pelo calor das brasas ardentes ao seu redor. Quando o líder já estava na porta, mas antes que ele se retirasse, o anfitrião disse:
>
> – Obrigado por sua visita e pela linda mensagem; muito em breve voltarei para o grupo. Deus lhe abençoe.

Reflexão

Para os membros ou participantes de um grupo: vale lembrar que eles fazem parte da chama. Longe do grupo, perdem o brilho e o grupo perde a generosidade e a graça de sua presença e energia.

Para os líderes: vale lembrar que são responsáveis por soprar brasas e colaborar para manter acesa a chama de cada um, promovendo a união para que o fogo seja forte, eficaz e duradouro.

Meu propósito é apresentar o *coaching* grupal como um instrumento metodológico no campo do *coaching*.

O ser humano (*anthropos*, em grego) pode ser entendido como uma unidade biopsicossocial. É o resultado de múltiplos processos: biológicos, psicossociais, socioculturais, econômicos. Em outras palavras, cada indivíduo é, em si, um sistema. Com sua biologia, seu corpo, emocionalidade, história, etc. Estabelece relações e redes de relações interpessoais. Ao falar de grupo consideramos o sistema – indivíduo – incluído em outro sistema – grupal – que por sua vez é parte de outros suprassistemas nos quais estão contidos.

O *coaching* grupal surge para mim como uma alternativa possível e enriquecedora da prática do *coaching*. Mostra-se como um caminho possível, não o único.

Não é nem melhor nem pior do que o *coaching* bipessoal. É diferente. Existirão *coaches* e *coachees* aos quais lhes convenha (venha com eles) o bipessoal e a outros o grupal.

É uma modalidade de trabalho para a solução de situações de conflitos ou que se tornam obstáculos para os consulentes, através de uma tarefa grupal com outros indivíduos com os quais compartilhará em um contexto no qual as observações sobre suas narrativas e cenas conflitivas se multiplicarão. Nessa prática, articulei o *coaching* com várias concepções sobre O Grupal.

Ele surge da minha formação como *coach* e consultor em cultura e comportamento organizacional, e também da minha condição de psicoterapeuta e psicodramatista.

Ser psicoterapeuta é uma condição para aplicar esta prática? Não. Certamente o fato de ser é um valor agregado importante. Mas não, não é condição. Em todo caso, poderia ser uma oportunidade muito boa para convidar o outro a compartilhar uma tarefa e uma responsabilidade interdisciplinar pela qual advogo.

De fato, tomei conhecimento de uma prática que já se realiza, de tarefas conjuntas de *coaches* com psicólogos e vice-versa. Parece-me enriquecedor, respeitoso e reconfortante.

Por outro lado, é sim condição realizar aprendizagens e ter formação sobre dinâmica grupal.

Diante da possibilidade de fazer *coaching* grupal, existe tanto aceitação quanto resistência por parte dos *coachees*. Na minha experiência, percebi ainda que existe certa preferência pelo *coaching* bipessoal mais do que pelo grupal. Se por um lado as pessoas resistem à relação bipessoal pelo medo que sentem de ficar dependentes de outro, por outro lado resistem também a mostrar suas debilidades frente a outros. Alguns preferem ter um *coach* à sua inteira disposição que se preocupe apenas com eles, evitando assim se mostrar frente aos outros ou pelo medo de que suas necessidades sejam tratadas superficialmente por falta de tempo. Outra fantasia ou argumento é que ao dar conta dos problemas dos outros, a pessoa sai com mais conflitos do que quando entrou.

A realidade dos resultados na prática desarticula estes argumentos. No *coaching* grupal produz-se um processo que age com grande profundidade e se potencializa precisamente através da multiplicação grupal.

Mais do que lidar com a problemática dos outros, o *coaching* grupal, através da identificação, possibilita a tomada de consciência sobre aspectos próprios desconhecidos mas que agem em nós. E nos quais podemos agir quando os vemos em outro

"Claro, como não tinha percebido antes? Comigo acontece o mesmo!" Esse costuma ser o comentário de uma epifania iluminadora frente à temática abordada por outra pessoa. Então o trabalho já não é personalizado mas se agrupa em diversas e enriquecedoras variantes e observações multiplicadas.

Qualquer que seja o papel que tenha em sua área de desempenho, cada pessoa tem, além dele, características de personalidade. Cada participante – incluindo o *coach* – se apresenta a partir do tipo de observador que é. Cada um vem com seu modelo mental ou sistema de crenças e usa um esquema conceitual. Esse esquema – ao qual se referencia para agir em sua tarefa, no grupo, na vida – é formado por suas experiências no curso de sua formação como pessoa e como profissional. E se expressa em uma forma particular de ver o mundo e agir. Assumir o papel de líder ou gerenciar situações significa gerenciar os recursos da própria personalidade somado às suas competências profissionais ou capacidades técnicas em prol de objetivos organizacionais ou institucionais dentro de determinados contextos e circunstâncias.

Esse líder deve gerenciar equipes de trabalho e influenciar o comportamento de seus integrantes. Tem o papel de compreender o negócio e assumir a nobreza de liderar pessoas e equipes. Essas ações são realizadas a partir de todo o seu ser.

É esse ser que aparece e se expõe no *coaching* grupal. Um de seus objetivos é que cada participante tome maior consciência de seu próprio esquema conceitual ou referencial (a partir do qual se constitui em observador), o qual pode explicitar diante de e junto aos esquemas referenciais dos outros participantes e do *coach*.

Frequentemente, muitas pessoas, apesar de fazerem parte de equipes, evitam trabalhar em grupo. Seja porque na convivência nos expomos mais, seja porque nas inter-relações em grupo as tensões emergem, rivalidades, ciúmes, desconfiança, conflito assim como afeto, apoio e colaboração.

Trabalhar em grupo (ou trabalhar juntos, sistematicamente) potencializa nossas habilidades e pode ser mais produtivo, porque as pessoas se complementam nos seus conhecimentos, competências e experiências.

A equipe faz emergir o lado humano de cada um de nós. Com nossos pontos positivos e negativos, com nossos pontos fortes e nossas debilidades, requerendo dos participantes uma competência maior para compreender as pessoas e para compreender os processos pelos quais atravessam individual e grupalmente de maneira que possam realizar ações mais efetivas e adequadas.

A responsabilidade passa por gerar contextos de confiança e confiabilidade que permitam a um grupo compartilhar, refletir e examinar sem riscos os pensamentos e sentimentos de todos os seus membros. É um espaço para legitimar os medos e as dificuldades.

Proponho também grupos de *coaching* grupal para *coaches*, para supervisionar a tarefa do *coach* e como espaço para legitimar as dúvidas e dificuldades desse papel. Para isso, é muito enriquecedor trabalhar com o que chamo de "cenas temidas pelo *coach*". Gerar contexto compartilhado para se comunicar abertamente abre possibilidades de ação para que o grupo preserve sua integridade frente aos desafios e às condições do ambiente em transformação.

O *coaching* grupal é um processo complexo e desafiador tanto para seus membros como para o *coach*. O grupo é criador; tem um profundo poder curador e transformador, e também é ameaçado por aspectos destrutivos.

Desorganização, caos, desconcerto e medo do desconhecido e da morte são aspectos a se levar em conta em todos os grupos dos sistemas vivos. Forças antagônicas, processos destrutivos e regressivos se fazem presentes e precisamos estar atentos, já que muitas vezes esses processos são negados, mas não deixam de agir sobre os processos.

O mesmo acontece com as equipes de trabalho. Qualquer que sejam, essas forças antagônicas se transformam em ameaça para a sobrevivência do grupo ou da equipe. Não é escolha e sim responsabilidade do *coach* gerar as condições para a abordagem dessas temáticas.

O *coaching* surge como alternativa para aliviar as tensões experimentadas pelas pessoas – particularmente os gerentes e, em geral, o universo empresarial e organizacional – e para encontrar novas respostas de ação.

Mesmo assim, o *coaching* grupal não é indicado apenas para empresas ou gerentes.

Em nossa experiência no âmbito organizacional e comunitário, foi aplicado com sucesso em contextos muito diversos:

1. Grupos interempresariais constituídos com o objetivo de fazer *coaching* que chamaremos multiorganizacional ou interorganizacional.
2. Equipes de uma mesma empresa ou organização ou interorganizacionais.
3. Institucional/comunitário.
4. *Coaching* para *coaches*.
5. Intervenções focalizadas ou específicas.

1. Multiorganizacional ou Interorganizacional

A experiência que relatarei aconteceu em um grupo constituído por 8 participantes.

Todos eram funcionários de empresas com cargos ou posições de primeiro ou segundo escalão.

Participaram um diretor, gerentes ou supervisores e dois chefes.

O grupo foi formado por líderes de diferentes companhias que trabalham com negócios não necessariamente afins (por exemplo, alimentos ou comunicações), apesar de alguns deles terem algum vínculo por área de mercado em comum (por exemplo, couro e exportação).

Eles não se conheciam previamente, ainda que em alguns casos podiam saber de quem se tratava, por ser alguém de certa notoriedade pública em sua atividade.

O grupo era misto, com a maioria de participantes homens.

As sessões de *coaching* se realizaram uma vez por mês, durante meia jornada, de 9 às 13 horas.

O compromisso inicial foi de 10 reuniões (de março a dezembro). Podiam ser mais ou menos. O motivo para que neste caso fossem 10 será explicado mais adiante.

Cada um esteve presente por escolha voluntária pessoal; isto é, não foram enviados por outros chefes ou pela gerência da empresa (por exemplo, do RH). Cada um escolheu estar presente para a experiência de *coaching* grupal.

Possuíam noção ou informação sobre o *coaching*. Alguns por terem praticado como *coachees* na forma bipessoal; outros por palestras ou cursos de capacitação.

Foram estipulados um dia e um horário fixos. De comum acordo, as reuniões de *coaching* grupal foram realizadas fora do âmbito empresarial, para preservar o firme acordo e compromisso de confidencialidade. A maioria das reuniões foi realizada em meu escritório, onde conto com espaço adequado para isso.

Da mesma forma que a psicoterapia de grupo, o grupo se sentou em círculo, em cadeiras ou almofadões. Não havia mesas na sala. Havia um desnível que fazia as vezes de cenário quando realizávamos *roleplaying* ou dramatizações, ainda que, para dizer a verdade, nesse tipo de experiência, todo o espaço é sempre o cenário onde se desenvolvem as ações. Havia também um *flip-chart* de muita utilidade para várias aplicações.

Em uma oportunidade, fizemos uma experiência de práticas ao ar livre em um centro de convenções e, em outra, a reunião se realizou na casa de campo de um deles (o almoço logo depois foi espetacular).

METODOLOGIA

Reunião prévia. Contrato

Cada participante teve uma reunião pessoal prévia comigo. Nelas, conversamos sobre a modalidade de trabalho, interesses pessoais, motivos de sua participação, definição de objetivos a alcançar, temores, obstáculos possíveis, expectativas e desejos.

Acordamos verbalmente um compromisso e um contrato.

Tarefa inicial pré-grupo

Uma semana antes da primeira reunião, entreguei a cada um dos participantes uma tarefa para realizar de forma individual e por escrito. Esta tarefa era um convite à reflexão sobre da tarefa que viria a seguir, sua situação presente nos âmbitos pessoal, interpessoal e de sua atividade de trabalho e as brechas de aprendizagem que considera existirem em sua situação atual e seu projeto de futuro.

O objetivo deste trabalho é introduzi-los em determinadas temáticas com caráter motivacional; é começar a soprar as brasas e deixar que elas se aqueçam para a ação.

Esta tarefa foi entregue na primeira reunião do grupo.

Coaching *grupal*

Projetei dez reuniões que se distribuíram da seguinte maneira:

1ª reunião

O objetivo central foi gerar contexto, reiterar grupalmente o compromisso e o acordo de regras de respeito mútuo, assentar as bases para a coesão e confiança, introduzir propósitos pessoais e grupais e repassar a metodologia de trabalho.

Neste momento ainda não havia um grupo. É um conjunto ou conglomerado de indivíduos reunidos para levar adiante uma tarefa. Neste primeiro momento há entusiasmo, interesse, mas um de cada vez, os integrantes vêem ameaçada a sua identidade pelo conjunto, no qual depositam também projeções coletivas. Há ansiedade frente à ameaça de expor-se e não ser contido, e aí começam a julgar-se aspectos primários e arcaicos tais como inclusão-exclusão, amar e ser amado, odiar e ser odiado, conhecer e ser conhecido e/ou reconhecido pelo outro, etc.

Superar ou transcender estas ansiedades – e como *coach*, contribuir para isto – é começar a empreender a travessia de conglomerado para grupo.

É um processo que vai do eu ao tu até integrar o **nós** do compartilhamento grupal.

Quando isto se realiza, os resultados são **espetaculares**.

ACORDOS DE RESPEITO MÚTUO

- *Presença.* Não faltar. Conhecendo o tipo de atividade desenvolvida, a possibilidade de ausência por causa de reuniões, viagens, etc. é mais que possível, como também é mais do que certa a possibilidade de assumir respons(h)abilidades e prever circunstâncias. O compromisso de não faltar não apenas tem a ver com o respeito diante dos demais, mas também, e fundamentalmente, com o respeito e a valorização de cada um e de si mesmo. Ressalto a importância de sua presença: "Não é a mesma coisa para nós trabalhar com você e sem você", "você é importante por suas contribuições, suas competências, sua experiência, seu apoio; daí meu pedido para que você não falte". Esta é a mensagem que nem sempre se transmite às pessoas acerca da importância de sua presença em reuniões de trabalho. "Se fosse indiferente que você estivesse ou não estivesse, não teria lhe convidado diretamente; se você foi convidado é porque sua presença é relevante." Neste grupo, foi admitida a possibilidade de ausentar-se em 20%, ou seja, até duas vezes – excetuando-se a primeira e a última sessão – como foi previamente alertado.

- *Confidencialidade.* Vale aqui fazer distinção entre o *"íntimo"* e o *"secreto"*.

  Secreto é aquilo que não pode ser dito.

  Íntimo é aquilo que fica a critério de cada um compartilhar ou não com terceiros.

  Por exemplo: a ida ao banheiro e o momento de nosso asseio pessoal são alguns dos espaços de maior intimidade. Todos os ocupantes da casa sabem que tem alguém ali dentro, mas baterão à porta sabendo que o seu ingresso só pode ser garantido com a autorização do ocupante. A não ser que esta atitude esteja pautada e aceita na cultura do grupo, fazer o contrário é uma intromissão e uma falta de respeito. Este espaço e este momento são íntimos, não são secretos.

  Que cada um conte ou não a terceiros que está participando do grupo de *coaching* com estas características é íntimo, não é secreto; mas, ao contrário, tudo o que for dito e compartilhado no grupo aí sim é secreto e confidencial. Vale com respeito à identidade das pessoas que o compõem assim como aos conteúdos das conversas.

O material pessoal de cada um é íntimo, e cada um decide quando e com quem quer compartilhar as aprendizagens que realiza na experiência. Por exemplo: X não pode falar de J, P ou M, mas pode sim falar de si mesmo e de sua experiência e aprendizagens com quem quiser.

Estes acordos são válidos também para o *coach* facilitador.

- *Não aconselhar.*

- *Não interpretar analiticamente.* Marcamos os limites de intervenção; é *coaching*, não é psicoterapia.

  Esta indicação tem um duplo sentido:

  Para os terapeutas que se dedicam a praticar o *coaching* (e que nem sempre entendem de cultura organizacional), para quem a tendência à interpretação vem sempre como vício de trabalho.

  Para os *coaches*, que ainda que possuam, em sua formação, algum material de Psicologia comportamental, de grupos, antropologia e outros, isso não os faculta a interpretações mais além do papel do *coach* (ainda que pessoalmente tenham muitas horas de divã).

  Um gerente estressado não é a mesma coisa que um gerente deprimido.

  Facilitar reuniões não é a mesma coisa que fazer *coaching*.

  Ainda que os contextos possam guardar semelhanças, a abordagem e os objetivos são diferentes.

  Muito resumidamente, apresentarei dois exemplos: o primeiro surge de um contexto psicoterapêutico; o segundo de uma sessão de *coaching*.

  a) Uma pessoa traz como tema aquilo que chama de sua "inconstância". Diz que deixa coisas sem concluir, que fica navegando na Internet e adia "o necessário".

     Como paciente: peço que faça associações, indago em sua história pessoal de onde surge a ideia de que há aspectos familiares ligados a essa temática. Seu irmão tem comportamento semelhante; considera seu pai como "ausente" e sua mãe como "metida". Ela diz: "Me incomoda que me deem instruções". O trabalho deriva para focalizar um aspecto infantil-adolescente a partir do qual se espera e se necessita uma imposição de limites. Aguarda-se ainda a presença de um pai (a lei do pai) que muitas vezes está projetada em figuras de autoridade (seu chefe). Necessidade e desconforto. Ambivalência diante do desejo pela lei e repulsa pela mesma.

Como coachee: indagaria sobre seus julgamentos, explicações e modos de interpretar o mundo, tentando encurtar as brechas e projetando um futuro com compromisso de ação.

b) Trata-se de uma pessoa que em sua atividade de trabalho deve interagir atendendo o público. Ela declara ter dificuldades com os adolescentes, a quem "não suporta".

Coaching: da intervenção surge que ela necessita e gosta de seu trabalho. É reconhecida em sua atuação e não tem brecha por esse trabalho. A sessão se orientou em assumir responsabilidade diante do desafio e definir ações que possibilitariam o seu agir efetivo. Por exemplo, manter conversas, realizar pedidos efetivos e delegar atenção aos jovens a outras pessoas da equipe.

Terapia: investigaria quais aspectos pessoais de sua própria adolescência se mobilizam assim como circunstâncias de sua situação atual. Por exemplo, inveja, rivalidades.

Coaching e psicoterapia se constituem como processos conversacionais. Operam através da linguagem, da corporalidade e da emocionalidade. Não se trata de definir se uma é melhor do que a outra, mas sim de honrar a teoria e a prática de cada uma em suas áreas específicas de competência e – sobretudo – respeitando a pessoa e os desejos na demanda do paciente.

- *Falar em primeira pessoa, intervir a partir do eu.* Tratar de não se falar de "alguém" nem de fazer generalizações compreensivas. Sempre intervir a partir de sua própria experiência, "no que eu acredito", "o que eu sinto", "o que me parece, se passa ou se passou comigo" etc.

- *Evitar a hostilidade.* Sim, fazer críticas construtivas com o ânimo de colaborar.

    A relação entre profissional e paciente não é simétrica; esta não é a única razão, mas apenas o fato de um lado receber honorários já determina a diferença.

    Já observei e supervisionei *coaches* e terapeutas que, a partir do suposto poder que lhes outorga esta assimetria, mais do que interpretações, emitem juízos muitas vezes desqualificantes. Por exemplo, "você está cheio de ressentimentos em sua alma".

- *Direito a "passar".* Ninguém está obrigado a intervir. Ainda que a participação no debate seja enriquecedora, ter presença é um desafio que deve ser escolhido.

2ª à 9ª reunião

O compromisso, a interação, a integração e o diálogo foram decisivos para a aprendizagem.

A modalidade de trabalho foi projetada nos encontros individuais prévios e foi reiterada e explicitada na primeira reunião do grupo.

Conforme combinado no início do grupo, em cada uma dessas oito reuniões, e sendo oito os participantes, em cada sessão um deles ocuparia o centro das atenções. Todos sabiam que em algum momento lhes caberia trazer sua inquietude ou necessidade.[4]

Ao final de cada sessão, um deles se proporia (segundo sua necessidade e interesse) para ocupar o lugar na sessão seguinte.

Dias antes da reunião, ele enviaria por *e-mail* aos outros integrantes do grupo uma descrição da situação que lhe afligia ou a respeito da qual tinha alguma brecha.

---

[4] Lembremos que a experiência foi apresentada dessa forma desde o início. O objetivo foi que todos compartilhassem uma situação pessoal e a estratégia foi projetada para dar atenção a ela. A temática dessa sessão foi trazida por um deles mas se grupalizou de tal modo que todos se viram comprometidos. Em grupos onde a frequência de encontros era semanal ou quinzenal, a pauta era mais livre e espontânea. Bastava perguntar quem queria trabalhar na sessão ou fazer um exercício de onde emergisse o protagonista.

Cada sessão se estruturou em vários passos ou ações:

- Começou com uma rodada de "registro de início" (ver a dinâmica desta ferramenta no Capítulo VI).

- Imediatamente depois, cada um dos membros participantes teve a oportunidade de descrever sua situação atual, compartilhar que acontecimentos significativos ocorreram em sua existência pessoal e profissional/ocupacional e também pedir – ainda que não fosse o protagonista designado para esta reunião – uma parte do tempo para atender algum problema sério ou que exigisse certa urgência em sua resolução.

- O passo seguinte, antes que o designado começasse com seu tema, aqueles que apresentaram seus temas na reunião anterior, fizeram um resumo das ações realizadas e dos resultados obtidos ao grupo.

- A seguir, apresentou-se a situação anunciada.

A estas sessões podia ser trazido como tema todo tipo de situações. Temas vários da organização, liderança, conflitos interpessoais, relações problemáticas com superiores assim como pares ou contatos, ou com pessoas de outras áreas, temas referentes a papéis, decisões e indecisões no trabalho, escolhas profissionais ou de carreira etc.

Se o grupo concordar – e isso for definido consensualmente – também podem ser apresentados temas pessoais e outros, como o conflito entre papéis familiares e de trabalho.

Aquele que traz seu "tema" geralmente tem a crença de que "isso" se passa somente consigo.

Grandes são as surpresas quando os outros se identificam total ou parcialmente com a situação apresentada. Quando isto ocorre, diminui sensivelmente o nível de ansiedade e se aceleram os tempos até a integração e a participação individual e grupal. A interação vai-se tornando mais dinâmica e o compromisso aumenta. Temas insuspeitos de serem trazidos são compartilhados com toda naturalidade e confiança.

Todos os membros têm o mesmo *status* dentro do grupo. Cada indivíduo se torna *coach* e colaborador do outro.

A riqueza que oferece o *coaching* grupal é que, se houver alguém que ocupe centralmente a atenção (a rigor "protagonista" significa "aquele que vive centralmente a agonia"), o problema ou brecha apresentada por um dos participantes vê-se multiplicado por múltiplos observadores. Seja porque estão atravessando situações semelhantes ou porque é uma cena temida para outros e já vivida por alguns. E é no momento dos comentários que os outros se transformam em excelentes *coaches* auxiliares do próprio *coach*, assim como de seu companheiro de grupo. Eles conhecem muito sobre cultura e comportamento organizacional e compartilham e interferem desde suas vivências e experiências. No momento do compartilhamento final (*sharing*) o tema já não é do protagonista mas sim se grupaliza e, através do compartilhar, cada um dos outros participantes pode receber também observações sobre seu próprio agir e levar como resultado suas próprias e específicas propostas de ação.

Estas participações podem produzir-se a partir da identificação, da ressonância, da consonância e também da complementariedade ou da oposição. Serão sempre visões enriquecedoras e multiplicadoras que surgem das diferenças nos modelos mentais ou sistemas de crenças dos participantes.

No *coaching* não cabe dar conselhos (exceto em alguns casos em que o *coach* considere adequado fazê-lo). Isto é algo para o qual o *coach* facilitador deverá estar bem atento, já que a tendência é sempre – até que se incorpore a aprendizagem – buscar soluções rápidas. Sim, ainda que o *coach* se sinta exigido por seu próprio *"furor curandis"* (outra expressão usada entre meus *coachees* que significa sentir a necessidade de saber tudo e de ter sempre uma resposta), a tendência, mais do que abrir com interrogações, será a de encerrar com interpretações prematuras.

E no *coaching* é preciso indagar, raciocinar e refletir não apenas do que foi manifestado, do que é óbvio, a não ser acerca dos dados latentes e dos significados faltantes.

Já que falamos de "observadores", podemos dizer que há em operação um grupo visível e outro não tão visível no qual há que se intervir. É preciso ter competências de ser observadores daqueles aspectos não-visíveis na dinâmica grupal.

Também no grupo se reproduziram situações do mundo exterior ao grupo e da realidade cotidiana. Em psicoterapia a isto se chama "transferência".[5]

No vínculo bipessoal (tanto do *coaching* como da terapia), a participação e a presença do *coach* não são totais e a relação transferencial aqui é muito mais notável.

Ao contrário, no *coaching* grupal a relação transferencial não é exclusiva com o *coach*, mas também dos membros entre si onde, além do transferencial, se produz um interjogo de projeções-introjeções. Isto é, eu projeto nos outros aqueles próprios aspectos pessoais que não reconheço em mim.[6]

Jung falaria da "sombra", como aqueles aspectos negados de si mesmo. Ele se referia à sombra pessoal como *o outro* em nós. "Entendo por sombra o aspecto 'negativo' da personalidade, a soma de todas aquelas causalidades desagradáveis que desejamos ocultar..."(Carl Jung, 1981). Seriam os desejos não reconhecidos e os aspectos reprimidos da personalidade. Raiva, inveja, ressentimento, tendências suicidas ou assassinas, etc. Expulsamos nossa sombra e pretendendo exilá-la por meio da projeção, atribuímos essas qualidades a outros.

Na minha experiência, tanto no *coaching* como na terapia, a projeção da própria hostilidade é um tema frequente e recorrente.

Aqui adquire importância a perícia do *coach* para operar com estes processos muito enriquecedores de reintrojeção e tomada de responsabilidade.

Em algumas sessões é comum realizar-se *role-playing* e utilizar outras dinâmicas (jogos, dramatizações, sociodrama).

---

[5] "Designa, em psicanálise, o processo em virtude do qual os desejos inconscientes se atualizam sobre certos objetos (pessoas) dentro de um determinado tipo de relação estabelecida, especialmente na relação analítica. Trata-se de uma repetição de protótipos infantis e sentimentos vivida com um marcado sentimento de atualidade" (Laplanche-Pontalis, 1971).

Esta transferência às vezes é positiva, e outras vezes negativa. Este termo adquiriu sentidos muito amplos que dificultam por vezes a sua definição. Poderia ser definido como um conjunto de fenômenos, sentimentos e sensações que se jogam na relação do paciente com o terapeuta. Também do *coachee* com o *coach*.

[6] "Projeção: operação por meio da qual o sujeito expulsa de si e localiza no outro (pessoa ou coisa) qualidades, sentimentos, desejos que não reconhece ou repele de si mesmo. É uma defesa muito arcaica" (Laplanche-Pontalis, 1971).

Se o tema foi elaborado e processado adequadamente, ao finalizar-se a sessão, o protagonista terá uma maior clareza sobre as ações a realizar, sobre as quais fará um resumo no início da próxima reunião grupal.

Como encerramento, cabe fazer uma rodada de registro de encerramento (ver capítulo VI) com reflexões pessoais acerca de dois disparadores: qual e como foi o processo do grupo hoje? E que aprendi/aprendemos?

10ª reunião

Corresponde ao encerramento e à avaliação do processo pessoal e grupal. Durante o tempo de vida do grupo se vão gerando vínculos, os participantes vão se conhecendo mais e mostram diante dos outros não apenas seu potencial e suas riquezas, mas também suas fraquezas, dúvidas e debilidades. A relação e o vínculo que se estabelecem são muito poderosos. Um processamento da dor pelo final, da perda e da separação do grupo não pode nem deve ser subestimado e requer seu próprio tempo e espaço de elaboração.

No desenrolar de diferentes grupos fui introduzindo algumas variantes criativas na dinâmica das sessões.

O descrito anteriormente como desenrolar das sessões 2 a 9 é um exemplo disso.

Sobre esta base, com a qual operamos mais habitualmente, temos experimentado dentro da mesma sessão com outro tipo de intervenções. Por exemplo, usando a técnica do tanque de peixes ou do aquário (ver Capítulo X, Falar na ausência I e II).

RESULTADOS

As pessoas de empresas ou organizações vivem e convivem em contextos de altíssima pressão e com muito pouco tempo para refletir. Sempre se pedem soluções "para ontem", com a maior efetividade e o menor custo. O custo maior é absorvido pelo próprio gerente, que paga com seu corpo, sua emocionalidade, sua saúde e, por vezes, com sua vida.

As recompensas também são várias e, por certo, algumas muito gratificantes. Nem tudo é "tão" mal ou desprezível. Também há possibilidades de crescimento pessoal, profissional, desenvolvimento de muitos projetos interessantes e resultados auspiciosos.

Diante desta realidade, o obtido no desempenho pessoal de cada um dos participantes foi:
- Sucessos em melhorar a comunicação e no exercício da liderança.
- Redução do nível de estresse.
- Maior compreensão a respeito da organização como um sistema.
- Expansão de suas competências para resolver problemas a partir de seus papéis respectivos.
- Falar e refletir juntos em um contexto de confiança e de segurança era algo necessário e desejado.
- Diminuiu o nível de tensão nas equipes que eles lideravam.

AVALIAÇÃO DOS PARTICIPANTES

As avaliações sobre o *coaching* grupal assinalam que a experiência acaba sendo altamente recomendável.

Os participantes também concordaram em manifestar que as aprendizagens obtidas foram muito transformadoras em comparação com programas tradicionais de *coaching* e gerência.

Foi altamente valorizado o fato de receber apoio, colaboração e *feedback* de pares que enfrentam circunstâncias iguais ou parecidas.

A experiência também foi uma oportunidade de se conhecer as tarefas em outras áreas organizacionais ou locais de trabalho (a respeito dos quais poderia haver visões distorcidas, preconceitos ou equívocos de inferência).

O QUE ACONTECE A POSTERIORI COM ESTES GRUPOS?

Os destinos são diferentes. Pode ocorrer que:
a. o grupo se dissolva como tal. Continuam alguns vínculos a título pessoal, alguns de muito longo prazo, inclusive no nível amistoso e interfamiliar;

b. o grupo decida recontratar um novo período com o *coach*. Às vezes todos, e em alguns casos com alguma deserção. Os que ficam podem decidir em conjunto a integração ou não de algum novo membro que queira ingressar ou que seja proposto pelo *coach* ou algum membro do grupo preexistente;

c. o grupo continue se reunindo de forma autogestionária, sem o *coach*. Até onde tenho conhecimento, alguns perduraram por um longo período e outros foram se diluindo ao não poder lidar com a ausência do *coach* como figura aglutinante.

Em todos os casos os participantes seguem recordando e resgatando o que houve de valioso na primeira experiência tanto no pessoal quanto no profissional e laboral.

2. Intraorganizacional

A concepção do *coaching* grupal e sua fundamentação teórica e prática são as mesmas que no grupo anterior.

Trata-se também de grupos de gerentes, chefes e supervisores até o segundo escalão que trabalham em uma mesma organização.

Todos lideram equipes. Algumas pequenas de apenas três pessoas e outras mais numerosas.

As diferenças com respeito ao grupo anterior foram:

- Apesar da escolha ter sido pessoal, o convite ou convocação a participar veio da empresa. Foi enviada uma convocação aberta e massiva a todas as pessoas destes níveis e cada uma tinha o direito de aceitar ou não o convite. Grande parte das que aceitaram, o fez com uma forte convicção e um alto grau de aceitabilidade (muitas já me conheciam por terem participado de cursos de competências gerenciais e liderança transformacional). Outras vieram contagiadas pelo entusiasmo das primeiras, ainda que – não todas – com um certo grau de ceticismo; mas algumas aceitaram participar, considerando-se "induzidas" ou porque era politicamente correto fazê-lo (elas não mencionaram isso desde o começo, mas, depois de tantos anos de experiência em empresas e organizações, o preconceito que ainda existe em mim sabia ou supunha isso. Por sorte, com o decorrer do trabalho grupal, geramos o contexto para que as que haviam respondido com essa posição pudessem expressá-lo de frente e com honestidade, e também com o reconhecimento do benefício da experiência). Finalmente, outras, desde o início, declinaram do convite de participar.

- Foram montados quatro grupos: um com 12 participantes, dois formados por 10 e um por 8.
- Apesar de existirem vários critérios de agrupamento, as possibilidades foram dispostas em quatro dias e horários diferentes e os participantes foram se encaixando nos horários de sua conveniência.
- As reuniões foram quinzenais, no âmbito de trabalho em alguma sala de reunião espaçosa e adequada com relação à privacidade. Confidenciais, mas não secretas, mas sim íntimas. Todo mundo sabia do que se tratava.
- As sessões eram de duas horas.
- Ao contrário do grupo de *coaching* grupal interorganizacional exemplificado anteriormente, não havia aqui uma agenda prévia sobre quem seria o protagonista em cada reunião.

No início de cada sessão, agíamos como no caso anterior: registro de entrada e reiteração informativa de quem havia trabalhado na sessão anterior. A partir daí, ficava aberta a possibilidade de que qualquer um iniciasse algum assunto ou expressasse a necessidade ou desejo de ser escutado.

Quando isso não acontecia – coisa que às vezes ocorre por prevalecerem aspectos defensivos ou de resistência no grupo – é o *coach* quem, além de assinalar o fato, pode introduzir algum exercício ou dinâmica facilitadora ou motivadora.

Sugiro não abusar deste recurso, pois o risco de acostumar o grupo a essa dinâmica de trabalho, onde fica depositada no *coach* a responsabilidade de fazer algo que os mobilize, produz uma inércia prejudicial à espontaneidade e à criatividade requeridas.

Como *coaches*, muitas vezes contribuímos equivocadamente para a resistência do *coachee*. Outras vezes, a partir de intervenções erradas também provocamos resistência.

Resumindo: em uma mesma sessão existem várias possibilidades:

- *Apenas um protagonista:* ainda que, como já sabemos por definição, sua contribuição possa ser compartilhada e aproveitada por vários ou por todos. Comentários habituais costumam ser: "como eu não pensei que o tema que o X trabalhou também acontece comigo?", "ainda bem que o Z mencionou. Eu não tinha me animado!".
- *Mais de um protagonista:* quando o primeiro que se propôs como protagonista finalizar e se ainda houver tempo, a "colocação" pode passar a outro, seja com algo que foi disparado com o trabalho anterior ou com uma temática nova e diferente.
- *Todo o grupo:* a temática trazida por um participante se generaliza e se transforma "no tema" dessa sessão. Ou é o *coach* que introduz um exercício ou tema motivador que se diferencia dos comentários de registro do início.

Didática e metodologicamente, podemos fazer a distinção entre:

– *Situação dada:* de onde partimos; é a dinâmica espontânea do grupo no início.

– *Situação conseguida:* é aquela criada a partir da intervenção do *coach*, o que sugere o desenvolvimento da dinâmica grupal.

- A confidencialidade também se mantinha com respeito aos outros grupos participantes dessa experiência.
- Se a empresa tem executivos, mentores ou *coaches* treinados dentro da organização como facilitadores grupais, é possível que algum deles se inclua como observador participante, sempre e quando esta proposta for aceita pelo conjunto do grupo. O grupo é soberano. E decide.

Na minha experiência, o *coach* interno costuma gerar resistência porque pode ser visto por seu companheiro de trabalho como representante das autoridades da organização. Como *coach* interno, refiro-me a empregados da mesma empresa que foram treinados para ser *coach* do pessoal. Não se outorga demasiada confiança à sua promessa de confidencialidade.

Costuma haver maior aceitação quando um chefe ou superior possui competências ou habilidades como líder *coach* ou se é dada autoridade ou confiança a algum superior ou colega que é considerado como um mentor.

RESULTADOS

Os quatro grupos cumpriram todo o processo. Tivemos apenas 10% de deserção. Nosso temor era que, frente a uma deserção maior, alguns dos grupos se dissolvessem, frustrando as expectativas dos membros "sobreviventes".

Ao finalizar o processo de *coaching*, cada grupo realizou seu balanço e avaliação e também fizemos uma reunião conjunta de todos os grupos para compartilhar aprendizagens da experiência.

Também neste caso os resultados foram muito animadores. Todos concordaram, em maior ou menor medida, que significou uma experiência muito comprometida e motivadora.

As aprendizagens, para além da significação pessoal, foram de alta aplicabilidade no âmbito das equipes e para o exercício de suas lideranças.

Algumas ferramentas, como por exemplo o registro de início, foram integradas em suas reuniões de trabalho.

Finalizado o ano, todos os grupos completaram o programa previsto.

Ainda continuamos trocando mensagens eletrônicas e com alguns participantes compartilho eventuais encontros informais.

3. INSTITUCIONAL OU COMUNITÁRIO

Esta experiência com grupos de profissionais médicos e psicólogos em um hospital municipal se realizou a pedido da área de saúde mental, a partir da solicitação de um psicólogo do serviço.

O objetivo manifesto e declarado era o de ajudá-los a resolver conflitos próprios da área e com a instituição, assim como dificuldades de relacionamento interpessoal (por motivos pessoais e setoriais) entre os profissionais que formavam o serviço (médicos, psicólogos, assistentes sociais, psicopedagogos e pessoal auxiliar).

Eu participei com minha equipe de *coaches*. Éramos quatro: três homens e uma mulher.

A intervenção se estendeu ao longo de seis meses, em reuniões de frequência quinzenal. Ainda que com reservas por parte do chefe do serviço, contamos com sua anuência e assistência às reuniões. Desde o início, e partindo de uma concepção sistêmica, nossa sugestão foi que se incluíssem todas as pessoas que cumprissem alguma função na área. Nem sempre compareciam todos os profissionais em serviço, mas em geral houve maioria entre os presentes.

Realizamos a primeira etapa diagnóstica com entrevistas e coleta de informações sobre políticas de atenção, trânsito de pacientes desde a admissão até a alta, comunicação entre os profissionais, relação destes com a tarefa, contatos entre as áreas, relação com o chefe, etc.

Nesta etapa pudemos detectar um desgosto generalizado, sentimentos de impotência frente à necessidade de mudança, falta de produtividade, comunicação quase nula entre as áreas, etc. O chefe, ainda que bem reconhecido como profissional qualificado, era considerado fechado, autossuficiente, às vezes desqualificador e, sobretudo, muito controlador. Atuava como um "senhor de engenho", entendendo que o serviço lhe pertencia e que o compromisso dos profissionais era, antes de mais nada, consigo.

Houve logo um tempo de investimento inicial em geração de contexto de confiança e segurança. Nesta etapa, que levou três reuniões, não se falou especificamente do profissional, mas sim se trabalhou com exercícios tanto comunicacionais como corporais para quebrar a rigidez inicial e perder – tanto quanto possível – o temor de expressar-se. Indagamos também sobre as expectativas e os desejos.

Cabe destacar que o *coachee* não era uma pessoa, o sujeito do *coaching*, o *coachee* era "a equipe", o conjunto de profissionais, o serviço. Isso foi claramente estipulado no encontro inicial.

A seguir, veio a etapa de intervenção propriamente dita, na qual foi focalizada a redução da distância entre a "equipe que eram" e a "equipe que desejavam ser".

Exercício

> *Uma atividade emotiva e reveladora, realizada nesta etapa, foi a construção corporal da imagem que tinham de si mesmos como equipe. Como de antemão pedimos que construíssem conjuntamente uma estrutura corporal que expressasse a imagem atual de si mesmos como grupo, isso incluía a sensação emocional. Uma vez alcançada, cada um podia sair de seu lugar e, a partir da posição de observador, expressar em um solilóquio o que sentia. A seguir, voltava à sua posição, e outro saía para observar. E foi assim, até que todos passaram pelo lugar de observador. Apesar da opressão, do mal-estar, da desmotivação e da tristeza, foi muito interessante para cada um dar-se conta de que em seu papel profissional muitos se identificavam emocionalmente com o sentimento de seus próprios pacientes.*
>
> *Na reunião seguinte, trabalhando de maneira similar, o que foi pedido foi que construíssem – também corporalmente – a imagem desejada. Não mais como se viam, mas como gostariam de ser vistos. Depois, o grupo focalizou a detecção dos obstáculos que se colocavam entre ambas as representações, propondo ações que possibilitaram sua superação.*
>
> *Em resumo, entre uma reunião e outra, o que fizemos foi definir a distância entre "a equipe existente" e "a desejada".*

RESULTADOS

Nem tudo foi um "mar de rosas", já que muitas das situações percebidas como frustrantes eram consequência de fatores externos (deficiências nas políticas de saúde, falta de orçamento ou recursos, etc.)

No que diz respeito a suas possibilidades, as conquistas foram:

- Adaptação do chefe a um papel menos narcisista e concentrador. Pôde entender e aceitar como sua atuação contribuía para a desmotivação da equipe.
- A equipe em seu conjunto pôde iniciar o caminho de deixar uma posição de vítima-dependente e passar de uma estrutura paternalista para uma comunidade fraterna.
- Cada área criou para si uma organização interna própria com um coordenador responsável, mas em uma posição simétrica com respeito ao restante.
- Reuniões interáreas para compartilhar informações e coordenar as ações com respeito a pacientes em comum.
- Realização de oficinas para a mútua aprendizagem.
- Começaram a reconhecer-se como um sistema (equipe) dentro de outro sistema (instituição) dentro de outros sistemas (saúde, socioeconômico, etc.).

No âmbito educacional, tivemos uma intervenção semelhante em um colégio privado, onde atuamos conjuntamente com os proprietários, a diretora e o corpo docente.

4. COACHING PARA COACHES

O processo do *coaching* é uma tarefa que envolve tanto o *coach* como o *coachee*.

A partir da minha concepção de *coaching*, o pessoal impregna o profissional do *coach* e, vice-versa.

Para "soprar brasas" o *coach* deverá entranhar-se na prática de uma dissociação instrumental adequada que lhe permita discriminar a expressão do *coachee* das vivências de seu próprio mundo interior, o que evitará intervenções contaminadas ou tóxicas que muitas vezes se fazem presentes.

Esta modalidade de *coaching* entre pares, apresentada como um método de formação para *coaches*, integra vários objetivos. São grupos de aprendizagem, supervisão e aprofundamento do exercício da função.

O trabalho é teórico-vivencial e a frequência dos encontros é semanal ou quinzenal.

Os *coaches* participantes investigam compartilhando suas próprias brechas, dificuldades e acertos no exercício profissional. O desenvolvimento conceitual e a prática vivencial são realizados a partir dos casos e situações apresentadas pelos *coaches* participantes, baseadas em casos de seus próprios *coachees* e/ou circunstâncias imaginárias. É frequentemente utilizado o *role-playing*.

Eles trazem ao grupo material de sessões realizadas com seus próprios clientes. Este material é tomado pelo grupo, processado, multiplicado e enriquecido por diferentes visões. Também se trabalham as "cenas temidas" do *coach*, que se referem àquelas situações nas quais não saberiam o que fazer ou como reagir.

"Em sua continuidade profissional, um coordenador de grupos é sobressaltado por cenas temidas... aprofundando sua reflexão sobre cada cena temida diante do seu eu interior, pode assim encontrar-se com uma cena de sua própria história pessoal (*cena consoante*). Ao compartilhar esta cena exteriorizando-a com seus pares, a mesma ressoa sobre o conjunto, adquirindo assim uma visão enriquecida (*visão multiplicada*) transformando-se em uma cena de descobertas (*cena ressonante*) que pode ser reincorporada pelo coordenador com o objetivo de munir-se de um repertório maior de recursos para voltar a examinar ampliadamente as cenas temidas da vida cotidiana profissional (*cena resultante*)" (Kesselman, Pavlovsky, Frydleswky, 1978).

Exemplo

Um alto executivo de uma empresa em processo de coaching *acorria quinzenalmente ao consultório do* coach, *a quem chamaremos de Juan. Esta semana, Juan esqueceu-se da consulta, assim como de avisar ao seu cliente, que acabou indo ao consultório e não encontrou ninguém que lhe abrisse a porta.*

Juan chegou ao grupo de coaching *para* coaches *mortificado com autorreprovações acerca de sua irresponsabilidade.*

> O coach *"empresta"* então ao grupo a sua cena temida que não é outra a não ser a de falar com seu cliente e enfrentar seu desgosto e os questionamentos de ordem ética.
>
> Das intervenções de seus colegas surge em Juan a lembrança de uma cena (consoante) de quando era criança. Em seu quarto, à noite, já deitado para dormir, sua mãe entrou para se despedir porque ia viajar. Ainda que ele ficasse bem com seu pai, a sensação diante da despedida foi de temor, angústia e tristeza. Quando lhe pedi que fizesse um solilóquio sobre a cena que estava sendo dramatizada, disse: *"Ela não vai voltar... não vou vê-la mais"*.
>
> A partir de então, ao invés de encerrar rapidamente com uma interpretação, a cena foi apropriada pelo grupo, multiplicando-a através das visões ressoantes propostas pelos demais.
>
> Os comentários posteriores sobre o temor do abandono, da perda do coachee e quem sabe até da sua simpatia, conduziram Juan e o resto do grupo à elaboração de uma cena resultante com novos recursos criativos para projetar uma nova resposta diante da cena temida original.

A partir da concepção teórica do *coaching*, dizemos que desta maneira ampliamos a possibilidade de fazer distinções. Transformamos o observador que somos e expandimos nossa capacidade de ação.

Com o conjunto do grupo de *coaches*, construímos assim uma espécie de repertório de cenas temidas, compartilhando sem medo (da exposição diante dos colegas, das críticas, etc.) nossos próprios medos habituais no desempenho da função e, junto a colegas que estão na mesma busca, exploramos os mecanismos defensivos com os quais lutamos contra esses temores.

O repertório inclui, entre outros, temas relacionados com a violência, o econômico, a sexualidade, a onipotência, a distância afetiva, a necessidade de demonstrar inteligência e o medo do descontrole.

Participar destes grupos implica aceitar o desafio de integrar o "pessoal" e o "profissional".

A tarefa é mobilizadora; representa um desafio que requer tomar precauções e firmar um contrato inicial muito claro.

5. Intervenções Focalizadas ou Específicas

Outra experiência muito interessante foi realizada em um grupo amplo (*large group*) integrado pela gerência de RH, representantes de uma empresa e uma comissão da associação interna, representantes dos empregados.

O objetivo se focalizou em gerar espaços de confiança, de escuta mútua, em desativar preconceitos para melhorar a comunicação com pedidos, ofertas, promessas, queixas e desculpas efetivas. Desde o início foi explicado que não se tratava de um espaço para negociações específicas como melhorias salariais, reivindicações setoriais, etc.

Nesta grande intervenção, acabou sendo de muita importância a aprendizagem de ferramentas conversacionais para a ação efetiva. Aos representantes da associação, ao invés de desqualificá-los com o lamentável e depreciável julgamento de que "só aprendem quando são maltratados", foram capacitados nas mesmas ferramentas de comunicação efetiva que os gerentes. Seus interesses eram e continuam sendo diferentes. Ambos os grupos representam setores diferentes. Porém, ambos aprenderam a comunicar e dialogar com as mesmas competências, entendendo que sua aprendizagem e sua utilização são concebidas a partir da compreensão de que resultarão em benefício e respeito mútuos. Essas ferramentas não deveriam ser usadas para exercer poder sobre os outros nem para manipulação.

Aprender a escutar e a dialogar com as práticas de comunicação efetiva foi de enorme facilitação e construtividade.[7]

Conclusão

Sou um apaixonado pelos grupos. Fico entusiasmado de trabalhar e aprender com eles e considero que o *coaching* grupal abre oportunidades e contribui para a aprendizagem.

---

[7] Ver o exercício "Falar na ausência II" no Capítulo X. Este foi um dos recursos que implementamos com maior êxito em nossa intervenção.

Vivemos e atuamos com e entre os outros e o *coaching* grupal potencializa esta interação.

Um grupo nem sempre é uma equipe e me emociona ver uma equipe bem constituída trabalhando como tal. Soam e ressoam como uma orquestra afinada e alinhada ou com a precisão de uma equipe em um centro cirúrgico. Cada um conhece sua parte e sua responsabilidade e reconhece a si mesmo como parte imprescindível desse sistema.

Nesse sentido, entendo a liderança como a arte de coordenar pessoas, ações e recursos para obter resultados em uma organização, empreendimento, projeto, etc. Realizamos esta complexa coordenação através da comunicação em todas as suas formas: verbal, emocional, corporal. Da qualidade de nossa comunicação e de nossas interações dependerão em grande medida os resultados que obteremos.

Somos humanos com recursos (e não "recursos humanos") e nossos desejos, expectativas e aspirações são mais parecidos com os de outras pessoas do que o que geralmente acreditamos.

Comprovar se este tipo de intervenção tem efeitos duradouros no mundo das organizações é um tema para se observar e investigar.

Capítulo III

Coaching *com Psicodrama*.
Contribuições do Psicodrama ao Coaching para uma Teoria de Papéis e da Dinâmica Grupal nas Organizações

No princípio era o verbo, diz o Evangelho de São João.
No princípio era o ato, diz Fausto de Goethe
No princípio era o encontro, dirá Moreno

Palavra, ação, encontro. Linguagem, corpo, emoção. Esta é uma síntese perfeita da articulação entre a teoria e a prática do *coaching* com a teoria e a prática do psicodrama e sociodrama, que pratico, e me proponho a expor a seguir.

As práticas de ação – não apenas de psicodrama – tiveram amplo desenvolvimento e aplicação. É um fato. Mas também é fato que nem sempre se conhece a teoria que fundamenta essas práticas.

Apropriando-me de uma frase – cuja fonte eu desconheço – que diz "não existe nada mais prático do que uma boa teoria", entendo que não é apenas útil, mas também interessante e importante, desenvolver brevemente, e a título de introdução, alguns desses fundamentos conceituais.

O foco estará colocado sobre breves conceitualizações apresentadas a partir de uma perspectiva histórica sobre os princípios de uma teoria de papéis que hoje é muito presente nos âmbitos pessoal e organizacional.[8]

No *coaching* com psicodrama, os postulados básicos do *coaching* são pontos de referência.

É *coaching*, já que é um processo de aprendizagem transformacional, com o objetivo de diminuir distâncias e expandir a capacidade de ação efetiva em um âmbito específico ou em uma determinada situação. Como tal, é um processo bem definido, com início e fim, estabelecendo metas claras e projetando ações para alcançar os resultados desejados.

É com **psicodrama** porque adota, entre seus modos de intervenção, os procedimentos e técnicas fundamentados nos postulados de J. L. Moreno – seu criador – e dos seguidores de sua teoria e prática até nossos dias.

Eu chamo ***coaching*** **com psicodrama** porque considero que o olhar ou observação do *coach* pode ser enriquecido a partir das contribuições do psicodrama mesmo que sua finalidade não seja psicoterapêutica. É estar aberto à possibilidade de observar e compreender a problemática do ser humano a partir da linguagem ou da comunicação verbal e também a partir do corporal, gestual e emocional. Amplia a capacidade de dar respostas às necessidades do *coachee* com uma diversidade de recursos.

Origens

O criador do psicodrama – e também do sociodrama – e precursor da terapia de grupo foi Jacobo Levy Moreno. Ele nasceu em Bucareste, Romênia, em 1890. Seu sobrenome de origem – Morenu – foi mudado por sua família durante a Inquisição. Aos 5 anos de idade mudou-se para Viena com seus pais; ali residiu até 1925, quando emigrou para os EUA. Morreu em Beacon, cidade próxima a Nova York, em maio de 1974.

---

[8] Meu objetivo aqui é apresentar uma síntese muito breve da teoria e da prática do psicodrama; seu desenvolvimento em profundidade é parte dos nossos programas de formação para *coaches* e aspirantes a psicodramatistas.

Em Viena, estudou medicina e se formou em 1917. Contemporâneo de S. Freud, teve com ele apenas um encontro. Seu interesse ainda não era a psicoterapia. Sua tarefa era mais de educador e estudava teatro. Será apenas em 1924 que empregará as representações com uma finalidade terapêutica.

Antes disso, junto com Kafka, Buber, Scheller, entre outros, foi colaborador na revista *Daemon*. Ainda como estudante, decidiu trabalhar com prostitutas nos presídios e com crianças nos parques de Viena, convidando-os a fazer parte de representações grupais improvisadas. Também fez isso em hospitais e acampamentos militares.

Controverso[9], mas sem dúvida criativo e genial, conta-se que seu primeiro psicodrama foi aos 4 anos de idade. Seus pais haviam saído, deixando-o com amigos do bairro no sótão de sua casa. Diante da proposta de fazer alguma coisa, sugeriu brincar de Deus e seus anjos. Ele seria Deus e seus amigos anjos. Empilharam cadeiras sobre a única mesa que existia e dessa forma representaram o Céu. Como era Deus, devia voar: foi assim que caiu e quebrou um braço.

Anos depois, contou que nessa situação nasceu sua concepção sobre o cenário psicodramático e a compreensão de que mesmo o ser mais alto na hierarquia precisa dos "eu auxiliares". Também disse que, enquanto Freud analisa os sonhos das pessoas, ele trata de lhes dar novamente o poder de sonhar e lhes ensina como brincar de Deus (Moreno, 1987).

Não obstante a dificuldade que Moreno teve de reconhecer a influência de S. Freud em sua obra, não há dúvidas de que conceitos como tele e transferência são derivados do conceito freudiano de transferência. O mesmo acontece com a libido e a espontaneidade. Ou sua concepção do co-inconsciente, que permeia o reconhecimento do inconsciente.

Baseado em seus trabalhos e pesquisas anteriores, em 1921 fundou seu Teatro da Espontaneidade, começando a assentar as bases do que chegou a ser o psicodrama e a terapia de grupo.

---

[9] Muitas vezes aparece nas suas formulações com um papel messiânico, com um fundo místico religioso. Suas técnicas possibilitaram uma abertura na prática da psicoterapia; por outro lado, a teoria é apresentada, às vezes, de forma confusa e contraditória. Mesmo assim, lembremos que o seu desenvolvimento conceitual tinha apenas começado quando Viena já estava sob o jugo da Psicanálise e em uma época de plena produtividade de S. Freud e seus discípulos.

Em um teatro próximo à Ópera, em um tablado vazio, sem cenário, sem elenco, nem roteiro, apenas uma cadeira, convidava o público a fazer representações espontâneas.

O público era o elenco, e ele o diretor. As obras geralmente eram as tramas trazidas pelos espectadores do teatro e, na maior parte das vezes, giravam em torno da busca por uma nova ordem, para uma Europa do pós-guerra com numerosas tensões políticas. Mais tarde, iria dramatizar sucessos publicados nos jornais e acontecimentos cotidianos que eram comentados entre os participantes.[10]

As fontes reconhecidamente utilizadas por Moreno são as seguintes:

- *O teatro*

    Buscava a mudança do drama representado para o drama não escrito, não planejado, mas sim vivido. Algumas de suas concepções e muitas de suas técnicas nasceram no teatro.

- *O grupo, a psicoterapia e a sociologia*

    J. L. Moreno utilizou técnicas grupais em Viena antes de 1920 e cunhou a expressão "psicoterapia de grupo" em 1931, contribuindo para a dinâmica grupal com sua ênfase na interação social e nas possibilidades psicológicas e sociais latentes, invisíveis e inconscientes em cada grupo.

    Hierarquizou a importância do grupal, desenvolveu as bases e técnicas do psicodrama e do sociodrama e – entre outras coisas – criou a sociometria como procedimento para medir e transformar em objetivos os modos pelos quais os processos interpessoais acontecem dentro dos grupos. A contribuição da possibilidade da passagem do verbal para a ação para as Ciências Humanas é inegável.

- *A religião*

    Buscava trazer Deus ao cotidiano e estabelecer com ele uma relação mais direta. A partir do Hassidismo, corrente à qual ele ade-

---

[10] Até hoje se pratica o Teatro da Espontaneidade. Às vezes, com finalidade lúdica ou expressiva e outras vezes com finalidade terapêutica. Junto com Celia Riskin, Carlos Olivera, Graciela Rodríguez, Jorge Paz, Olga Carretoni, Alicia Orfali e Gastón Vidal, a equipe de profissionais de A Casa, instituto de assistência, docência e pesquisa psicodramática, desenvolvemos até 2004 em hospitais, escolas e no centro cultural Recoleta, da cidade de Buenos Aires, com a participação espontânea do público.

ria, ele se propunha a se encontrar Deus em cada ato da vida cotidiana.

A ideia central era uma nova concepção do divino. O divino não está longe, mas também reside na Terra. Todos os seres possuem uma centelha divina que deseja ser liberada. Esse fundo místico-religioso aparece em vários dos seus escritos, *citando grandes líderes como Jesus, Maomé e São Francisco de Assis*, que – diz – "tiveram o sentido do drama e isoladamente e, em grupo, conheceram, com sua própria carne e sangue a realização de grandes papéis e do enfrentamento cotidiano com circunstâncias escabrosas. Seu cenário foi a comunidade...conheciam em primeira mão e não por livros a espontaneidade e o desempenho de papéis. Jesus, como um ator-terapêutico principal, teve seus eus-auxiliares em seus apóstolos e o seu diretor de psicodrama no próprio Deus, que lhe dizia o que teria de ser feito" (Moreno, 1987).

É importante destacar o sentido mais profundo e respeitoso do ser que Moreno manifesta ao falar de Deus. Moreno ama ao ser em todo o seu ser, e o seu "eu sou Deus" não significa a exaltação de si mesmo, mas se refere ao "você é Deus" que existe em cada ser humano (Bustos, 1975).

Procurava sempre encontrar o divino no ser humano.

Conta-se de um rabino que, frente à surpresa intrigante da congregação, sempre se ausentava na véspera do Shabat.[11] Diante da suspeita de que se encontrava com Deus, designaram uma pessoa para que o seguisse. Esta assim o fez, descobrindo que depois de se vestir com roupas de camponês, ia na cabana de uma mulher pagã que se encontrava doente prostrada em sua cama. Ele limpava suas coisas e preparava para ela a comida do sábado. E antes que saísse a primeira estrela, se retirava. Ao voltar frente à congregação perguntaram-lhe:

– Você viu o rabino? Ele sobe aos céus?

– Não – respondeu – eu o vi ascender ainda mais alto que ao Céu.

---

[11] Sábado, dia de descanso ritual no judaísmo.

O Encontro

É uma das bases conceituais do pensamento filosófico de Moreno. Faz referência à integração do ser com os outros. É o verdadeiro encontro, união, aproximação entre os indivíduos.

Quando hoje, continuamente no *coaching* e na vida, falamos do respeito ao outro como um outro legítimo não fazemos outra coisa senão falar do atributo do Deus Moreniano: sua subjetividade (quer dizer, sua condição de sujeito) e sua criatividade.

Suas ideias, impregnadas pelo pensamento de Kierkegaard, Scheller e, fundamentalmente, Martin Buber, nos dizem que "assim como sua teologia apaga a distância entre Deus e o homem, o Encontro apaga a distância entre os homens; o Você passa a ser o Eu e o Eu, Você; o intercâmbio pessoal através do diálogo adquire sua plenitude; não é uma fusão, mas uma comunicação perfeita. A obra inteira de Moreno começa e termina no conceito de Encontro"(Anceline Schützenberger, 1970).

O Encontro é uma ideia central na filosofia de Buber. Segundo ele, as pessoas se relacionam com outros seres e com objetos ou coisas. A relação pessoal se expressa com a díade **Eu-Tu** e a relação com as coisas com a díade **Eu-Ele**. Nesta última se desvirtua o Encontro, já que o outro é tratado como objeto.

O Encontro se dá no **Eu-Tu** e no diálogo – Moreno diria na ação – que é o que ocorre entre ambos, na interação.

Teoria do Encontro e a prática do coaching

Para mim é maravilhoso reconhecer nas palavras de Moreno a vigência de seus conceitos aplicados ao que vem a ser os fundamentos e a prática do *coaching*.

Já naquela época – assim como Freud – ele destacava o poder gerador da linguagem e, ainda que em outros termos, fazia referência ao conceito ontológico do ser, à empatia, à comunicação efetiva, ao respeito.

As técnicas dramáticas são recursos para intensificar as possibilidades do Encontro.

Moreno (1987) não fala de outra coisa a não ser da compaixão quando diz:

> *"Um encontro de dois. Olho a olho, face a face.*
> *E quando estiver próximo, Eu tomarei os teus olhos e os porei no lugar dos meus;*
> *E Tu tomarás aos meus olhos e os colocará no lugar dos teus*
> *E então Eu te verei com teus olhos*
> *E Tu me verás com os meus."*

A partir desta filosofia, já naquela época, nos introduzia na temática do observador, da empatia, e em sua concepção da técnica da "inversão de papéis".

Hoje, a partir do *coaching*, diríamos que estamos falando do observador que cada um é, e da transformação desse observador.

Também poderemos entender o conceito de modelos mentais quando dizemos que "não vemos o mundo como é, mas sim como somos" e a empatia não será outra coisa senão nos pormos no lugar do outro, entender o que observamos do ponto de vista do outro.

Compreender isto é, ao mesmo tempo, encarnar o conceito de humildade. Não existe essa coisa de "a" verdade. Existem a minha verdade e a sua verdade.

Será a partir daí que poderemos nos encontrar para abrir e possibilitar o diálogo e a ação.

Coaching é Encontro. É "encontrar-se" (com você mesmo e com o outro) e dialogar, agir com os desejos do ser. Desejos de projeto, de crescimento, de transformação.

ESPONTANEIDADE-CRIATIVIDADE

É um conceito medular na obra de Moreno e de enorme significação para uma teoria de papéis.

Espontaneidade é a resposta adequada a uma nova situação e/ou a nova resposta a uma situação antiga.[12]

A espontaneidade (do latim *sua sponte*, que significa "desde o interior") não consiste em fazer qualquer coisa, de qualquer forma, com qualquer um e em qualquer momento; trata-se de fazer o oportuno, no momento indicado, para dar uma resposta a uma situação difícil.

No exercício da espontaneidade se dariam as condições para a máxima expressão do ser humano: a criatividade. Ambas estão presentes em certo grau desde o nascimento. Elas são fontes de possibilidades criadoras e exigem desenvolvimento.

O conceito oposto à espontaneidade é o de "conservas culturais". A conserva é tudo o que já foi feito: livros, normas, sinfonias, etc. Não são desqualificadas, mas apenas se destaca que são produto da criatividade e não a própria criatividade. Nas palavras de D. Bustos (*op. cit.*), a conserva é a não-mudança; a criatividade é a própria mudança.

TEORIA DA ESPONTANEIDADE E A PRÁTICA DO COACHING

Fazemos o *coaching* para nos darmos a oportunidade de expandir a capacidade de ação efetiva, entendendo também que é aí que se expõe e se expressa o ser.

Todos temos uma capacidade lúdica inata e, segundo Moreno, um impulso vital que se expressa em uma "fome de ação" e uma "fome de transformação".

O conceito de aprendizagem na teoria moreniana reclama a aprendizagem de ações que se adquirem na experiência.

Vivemos em um mundo de mudanças permanentes, que exige das pessoas (observadores) uma rápida adaptação ao dinamismo situacional. A impossibilidade de dar respostas adequadas gera patologias individuais e também coletivas (nos grupos, nas equipes, na sociedade).

---

[12] Em seu *Dicionário de Psicodrama e Sociodrama*, C. Menegazzo, M. Zuretti e M. Tomasini assinalam que o termo "adequação" tem nas descrições morenianas um sentido claramente axiológico e é utilizado por ele no sentido da justeza dos valores postos em jogo intrinsecamente na própria ação. Nunca, como às vezes é entendido, no sentido de acomodação ao *status quo*.

A partir do *coaching*, dizemos que ao aprender mudamos o observador que cada um é e que esta mudança de observador possibilita gerar novas ações. Há um mundo que passa a ser observado de modo diferente e isso habilita ações diferentes para operar e projetar um mundo também diferente.

O *coachee* traz uma quebra, um sofrimento, uma dor; sente que lhe faltam atos e necessita da transformação. Aferrando-se à segurança do já conhecido, observa o mundo a partir da inércia do já aprendido ou do condicionamento, esquecendo-se de si mesmo, de suas potencialidades, de sua originalidade.

O *coaching* é dar resposta de ação, abrir possibilidades de ação onde elas não existem ou onde não vemos que elas existem. O trabalho do *coach* é ajudar o *coachee* soprando brasas para contribuir para a liberação dessa espontaneidade para gerar respostas novas e adequadas. Entendo como adequadas aquelas respostas que não apenas nos aproximam dos resultados desejados, mas que também são autênticas, sustentadas por valores que manifestamos, criativas e efetivas.

Espontaneidade para não fazer o mesmo mais uma vez, esperando obter um resultado diferente. A espontaneidade de estar "na mente do aprendiz", humildemente abertos à criatividade e às dinâmicas exigências do mundo atual.

Essa espontaneidade não significa instinto puro sem normativas ou sem lei. Pelo contrário, refere-se a "despertar" a originalidade adormecida, perdida ou apagada, assumindo a responsabilidade de completar-se como pessoa, tomando as rédeas de sua liberdade e da escolha de suas ações.

A partir da teoria moreniana – psicodramática –, o ser é concebido como um ser biológico, psicológico, social e também cósmico. "Porque o bem é co-responsabilidade de todo o universo, de todas as formas de ser e de todos os valores, ou então sua responsabilidade não significa absolutamente nada" (Garrido Martín, 1978).

O exercício da espontaneidade – e, por extensão, também da criatividade resultante – e a responsabilidade têm profundos efeitos transformadores. Creio que essa é uma disciplina a ser estimulada pelo *coach*. As técnicas psicodramáticas tendem e contribuem para liberar essa espontaneidade. Porém, … "a espontaneidade exige risco e esforço e a isso o homem teme, como seus antepassados temiam o fogo: teve medo até que aprendeu a acendê-lo. Da mesma forma, o homem temerá a espontaneidade até que aprenda a exercê-la e a servir-se dela" (Garrido Martín, *op.cit.*).

Por natureza, buscamos a liberação da espontaneidade, mas ao mesmo tempo buscamos a segurança do imutável, que se expressa como resistência à mudança. Convertemos as conservas culturais, os produtos da criação, em falsos ídolos, inibindo assim o poder do Deus criador que havia em cada ser.

Para Moreno, aprender será fomentar e desenvolver o hábito da espontaneidade para preparar-se diante de situações inesperadas e não apenas responder a situações específicas.

Trata-se de reconectar o homem com seu Deus perdido; Deus como Criador e assumir a responsabilidade de ser cocriadores a partir da incompletude do ser. Temos toda uma vida para consegui-lo e a liberdade essencial e existencial de escolher como fazê-lo!

O **Eu** do *coach* não dirá ao outro quem ou como deve ser, mas apenas com seu "sopro" criador estimulará o **Tu** do *coachee* a ser um cocriador de si mesmo e a responsabilizar-se por isto. O *coaching* trará também o exercício da liberdade, entendida como potencial para a criatividade e para a expansão do autoconhecimento e da capacidade, para atuar de forma responsável como um **Eu** no respeito do outro como um **Tu**.

Locus, Matriz e *Status Nascendi*

São conceitos nucleares na teoria moreniana. Moreno falou destes três fatores que devem ser levados em consideração e que se referem a qualquer feito ou acontecimento. Ele dizia que para uma compreensão total de todo ser e de todo ato, deve-se levar em conta um *locus*, uma matriz e um *status nascendi*. São três visões de um mesmo processo.

O *locus* é o lugar onde um fato acontece, o cenário de tudo. Tudo nasce em algum lugar e se torna importante para a compreensão do fato. Por exemplo, para um recém-nascido, o *locus* terá sido o útero e a placenta da qual se nutria (Bustos, *op. cit.*).

A **matriz** é uma espécie de coordenada espaço-temporal, entendida como o lugar onde acontecem atos ou situações fundantes. No exemplo anterior, a matriz será o óvulo fecundado. Não se deve confundir este termo com o conceito matricial de molde de onde se copiam os objetos, mas apenas como o espaço-tempo onde acontecem ações e interações constitutivas e fundantes do que serão as características particulares de um indivíduo.

O *status nascendi*, por sua vez, faz referência ao que vai sendo; ou seja, ao processo de desenvolvimento de algo que foi gerado. É muito importante como condicionante. Por exemplo, o processo de nove meses de gestação.

Há muitas pesquisas realizadas em medicina neonatal que nos contam de vivências intrauterinas segundo as quais não serão iguais um recém-nascido que teve uma gestação em paz e outro que foi gestado em meio a uma guerra, com sentimentos de pânico da mãe.

Moreno concebeu um modelo evolutivo humano no qual, a partir do nascimento, o ser atravessará três matrizes no processo de criar sua própria identidade: matriz de identidade, matriz familiar e matriz social.

LOCUS, STATUS NASCENDI, *MATRIZ E A PRÁTICA DO* COACHING

Coincidindo com a proposta moreniana para o psicodrama, a partir da minha concepção psicodramática, entendo que o espaço do *coaching* pode constituir-se como um *locus* (cenário) e um *status nascendi* (processo de aprendizagem) nos quais o *coachee* se assume como protagonista de uma travessia, de uma busca para rematriciar ou constituir novas matrizes reestruturantes. Isso é, criativamente, gerar um espaço, um contexto no qual, em um processo de aprendizagem e expansão, o *coachee* encontre oportunidades para achar novas respostas onde acreditava que não existiam.

Operar como *coach* a partir desta perspectiva é levar em consideração que o *locus*, o lugar onde algo ocorre, não é determinante, mas, sim, condicionante. Será importante compreender as circunstâncias ou condições, assim como as redes de vínculos das quais bebe ou se nutre determinada conduta de uma pessoa.

Conhecer estes dados amplia a capacidade de observador tanto para o *coach* quanto para o *coachee*. Nos cursos de formação psicodramática, insisto e assinalo muito especialmente – tanto para terapeutas quanto para *coaches* – que este *locus* é um ponto que usamos como orientador referencial do passado para entender o presente, mas cuidando (como também diz Bustos) de não permanecermos no *locus* como campo operativo no qual focalizamos a ação do *coaching* ou da terapia. O que quero dizer com isto? Nós, pais, não acordamos pensando no dano que voluntariamente faremos aos nossos filhos ao longo do dia. Cometemos erros não desejados. Nossas ações nem sempre são justas ou precisas.

O objetivo de uma terapia (ou de um *coaching*) não deverá nunca ser o enfrentamento ou julgamento dos pais; não se faz terapia ou *coaching* para achar culpados ou transferir aos outros a responsabilidade. A identificação do *locus* como condicionante é importante para uma compreensão profunda do fato, mas será a partir da matriz que deverão se direcionar as operações terapêuticas ou intervenções do *coaching*.

Em psicodrama falamos em rematriciar, porque é aí que entendemos que algo pode ser modificado com uma nova resposta. E é aqui onde também se põe em jogo e se articula com a concepção psicodramática um dos aspectos fundamentais do *coaching*: a tomada de respons(h)abilidade.

Uma matriz gera-se diante de uma situação-estímulo (ocorrida em um determinado *locus*) ou frente a uma situação de conflito se ativa uma defesa dentro de um repertório possível de respostas/saídas/defesas. Diante de um perigo ou situação que possa suscitar angústia, a pessoa gera um modo de se defender (entre outros: racionalização, deslocamento, negação, regressão, projeção, sublimação ou repressão).

A pessoa não gerou o *locus*, as circunstâncias, mas produziu a resposta (matriz). Essa resposta – que é a conduta defensiva frente aos estímulos do *locus* – não deve ser criticada, mas sim entendida a partir da empatia como a melhor resposta que essa pessoa soube ou pode dar nesse momento particular de sua existência. Essa resposta matriciada fica gravada como uma conserva e será reproduzida como resposta diante de múltiplas outras circunstâncias vitais da pessoa. É o que aprendeu e o que provavelmente lhe foi útil a seu tempo, no passado, mas que não necessariamente é efetivo no presente.

Exemplo

Javier, executivo de 34 anos.

Procura o coaching *expressando, com certo ar de suficiência, ter dificuldades de relação com seus companheiros. Ele não reconhece como algo seu, mas repete que os outros dizem isso dele. Gerado o contexto e definidos os objetivos, surge das indagações que J. não pede ajuda, não compartilha, nem mostra necessidade e esta conduta lhe traz sérias consequências não apenas em relação com os outros, mas também enquanto resultados. Esta situação não é nova, mas sim uma repetição do que acontecia em seu emprego anterior.*

Em sessões posteriores, mediado pelo processo do coaching, *convido-o a refletir acerca de quando acreditava que havia começado a ter esta atitude. Respondendo ao meu convite, reconhece que isso acontecia também em sua casa, com sua esposa, com a família e que já lhe ocorria antes, na universidade, e com suas amizades. Disse aqui "algo" que na minha escuta acabou sendo decisivo para o que se seguiu...*

Permito-me aqui uma digressão teórico-conceitual para continuar logo com o exemplo. Estamos falando de *locus, status nascendi* e matriz. A escuta ativa do *coach* deverá focalizar-se em conteúdos ideacionais (ideias, pensamentos, reflexões), sinestésicos (registros internos corporais, tais como estômago revirado, dor no peito, etc.), emocionais (nojo, culpa, etc.) e corporais (gestos, caretas, movimento nas extremidades, etc.).

Prosseguindo...

Escutei o que ele disse e chamou minha atenção que em todas essas circunstâncias, o que propunha era "passar despercebido".

Eu o convido a ir um pouco mais para trás no tempo em sua busca e é aí que – com enorme surpresa de sua parte e, para que negá-lo, de minha também – surgiu uma lembrança infantil, arcaica, de quando tinha 6 anos.

A essa cena preliminar chamamos de **matriz**. *É a cena onde algo foi gerado. O* locus, *como circunstância, foi o acontecimento da* *morte de um irmão, a dor de seus pais, a tristeza na casa e, por outras razões, o medo do abandono.*

– Vamos até esse momento – disse – porque aí você está tomando alguma decisão, está construindo uma resposta, um recurso... O que é? O que vês?...

Sozinho, num canto da sala, ele se vê prometendo então (defesa-conduta-matriz) que "passaria despercebido", que "não daria trabalho" e que "não seria um incômodo".

Nova interrupção teórico-conceitual:

Esta resposta frente às circunstâncias, implanta-se nesse *locus* e será logo um *status nascendi* (processo) de sua vida que se irá sofisticando e estereotipando, persistindo como dramática atual e prejudicando seu *locus* corrente (empresa, família, etc.)

Negação e repressão que deságuam em um recurso autossuficiente e onipotente. Esta foi a resposta escolhida como defesa, que pôde então esgrimir aos 6 anos de idade, adaptativa, empobrecedora e útil em seu momento, mas que em seu presente de 34 anos não lhe serve mais.

É aqui – na matriz – onde se deve focalizar a ação do terapeuta e do *coach*. Assumir responsabilidade, gerando novas e atualizadas respostas diante da conduta/defesa criada. Rematriciar é a ação. Este será um ato criativo já que se produz uma modificação-transformação, tanto no que realiza como em seu meio circundante. A proposta de Moreno é justamente oferecer o cenário psicodramático como um espaço resolutivo que possibilite gerar uma matriz reestruturante.

Prosseguindo...

Neste momento, ponho-me de pé e convido Javier a fazer o mesmo. Ponho um almofadão no lugar onde estava sentado e digo:

– Esse que está sentado ali é o Javier que você foi; seu irmão morreu; está só, assustado e quer passar despercebido... Que recomendação você daria a ele sendo o Javier que você é hoje?

Muito emocionado, ele disse:

– Você é muito pequeno para não pedir ajuda... vai ficar sozinho e vai sofrer muito... por favor, aprenda a dizer, aprenda a compartilhar...

Após um momento de silêncio, convido-o a voltar ao seu lugar e abrimos um espaço de processamento do que foi realizado. Javier declara que se deu conta de que não havia aprendido a compartilhar e estar com seus pares (irmãos-companheiros de trabalho).

Expressa alívio e gratidão.

Eu digo a ele que não é magia... que agora deverá começar seu trabalho pessoal de assumir responsabilidade transformadora.

Os Papéis

A partir da antropologia moreniana, a pessoa é concebida como um ser fundamentalmente vincular. A partir de suas múltiplas maneiras de se vincular, a pessoa desempenha e desenvolve diferentes papéis.

A palavra papel não é um termo sociológico ou psiquiatra na sua origem. É uma concepção emprestada do teatro. Na Grécia Antiga, e também em Roma, os textos eram escritos em "papéis" que eram lidos pelos escritores aos atores. Nos séculos XVI e XVII, com o surgimento do teatro moderno, as partes correspondentes a cada personagem eram lidas e concebidas como papéis organizados em rolos.

O conceito de papel foi adotado muito mais tarde pelas Ciências Humanas.

A formulação e o desenvolvimento desse conceito e das técnicas de desempenho de papéis têm sido obra daqueles que praticam o psicodrama.

Moreno definiu o papel como a forma de funcionamento que o indivíduo assume no momento específico que reage a uma determinada situação na qual estão envolvidas outras pessoas ou objetos (Moreno, 1987).

Moreno diferencia:

- *Papéis psicossomáticos:* são os que primeiro aparecem em uma escala evolutiva e expressam a dimensão fisiológica (sorvedor, respirador, expirador, cinético, etc.). Assim, a criança aprende a integrar um eu fisiológico, a experimentar seu corpo.
- *Papéis psicodramáticos:* são os que surgem no cenário psicodramático (um amigo, um padre, um gerente, um médico, etc.). Nesses, o que é mais significativo se refere ao processo de desenvolvimento psicoemocional.
- *Papéis sociais:* expressam a dimensão social. São aqueles que desempenhamos cotidianamente no contexto social. Seu surgimento e expressão se desenvolvem na base dos vínculos e do intercâmbio com os papéis exercidos por outros (amigo, médico, pai, gerente, etc.).

Outra definição de papel é concebê-lo como uma unidade psicossocial de experiência ou de conduta na qual se fundem elementos pessoais, sociais e culturais. Esses papéis são considerados por Moreno como unidades culturais de conduta que vamos aprendendo a desempenhar ao longo do processo evolutivo.

A partir do vínculo, diremos que todo papel é uma experiência interpessoal que precisa de outros para se expressar ou ser posto em ação.

Lembremos que na teoria moreniana o conceito de vínculo com o outro é primordial. Um **eu** e um **tu**. E é no **encontro** e na interação vincular onde as mudanças acontecem. Do vínculo entre os papéis nasce uma interação com influências recíprocas.

COACHING E A TEORIA DOS PAPÉIS

Todos os seres humanos são parte de uma rede de relações, uma rede vincular. Somos parte de configurações amplas e complexas nas quais nosso ambiente será constituído de relações, algumas diretas e muitas outras indiretas.

O *coachee* e também o *coach* vêm à sessão "acompanhados" por sua rede. Compreender adequadamente a rede vincular de uma pessoa irá nos revelar aspectos de seu comportamento. Por que alguém é de uma maneira em um lugar e diferente em outros? Moreno dirá que a pessoa não "é", mas sim "está sendo" dentro de certas variáveis, ou diante de determinados estímulos da rede vincular com a qual interage. Seu "ser frente ao mundo" se manifesta pelo conjunto de papéis que representa, por sua espontaneidade, pelo seu mundo pessoal afetivo e pela rede de interações de acordo com a dinâmica do grupo no qual se integra. Em cada interação, o papel de cada um é determinado ou condicionado pelo papel do outro.

A representação dramática em um *coaching* irá possibilitar a tomada de consciência de que papel a pessoa representa frente ao papel de outro em determinada situação.

A pessoa poderá desenvolver tantos papéis quanto mais espontaneidade tiver.

Quanto maior a capacidade de desempenhar papéis, mais flexibilidade terá o indivíduo.

Os Personagens e os Papéis

Um conceito útil para o nosso objetivo é o de "personagem". O personagem é um conjunto de representações. Como conceito é mais amplo do que papel, já que o personagem tem ou desempenha diversos papéis. O papel está contido no personagem.

Carlos Calvente (2002) diz que desempenhamos diferentes personagens. E também que um mesmo personagem pode aparecer em diversos papéis. Assim, o personagem pai também desempenha os papéis de marido, amante, chefe de aquisições, etc.

Pessoa ou personagem são termos provenientes do conceito de máscara. *Per-sonare* era como se denominava a máscara utilizada no teatro grego, por trás da qual ressoava a voz do ator ou protagonista. Moreno diz que por trás da máscara (do personagem) se encontra a personalidade privada do ator, e chama a isso de conflito primário entre papel e pessoa.

Nos grupos e nas organizações estão presentes múltiplos personagens e papéis; entre outros, encontramos o líder, o déspota, o bode-expiatório, o boicotador (de si mesmo e dos outros), o desconfiado, o ingênuo, o manipulador, o autoritário, o submetido, aquele que encobre... e entre eles vão se construindo os processos vinculares de subjetividades e intersubjetividades.

Surge também o que Moreno chamava de "aspectos coletivos do papel".

Esses são definidos com generalizações que se referem a características particulares como, por exemplo: "os do sistema", "os de compras", "os de tal setor", "os do interior".

O objetivo de Moreno era conseguir desativar essas generalizações que costumam ter um caráter arbitrário e preconceituoso.

Em geral, os personagens e os papéis que "habitam" em cada *coachee* expressam uma parte importantíssima de seu ser, de sua identidade e contribuem para sua compreensão.

No *coaching*, será relevante dar oportunidade para que se expressem.

Trabalhar em *coaching* grupal facilita o surgimento de papéis e personagens, mas as técnicas que possibilitam sua aparição podem também ser implementadas no *coaching* bipessoal. Nesse caso, frente à ausência dos eus-auxiliares, age-se com objetos (por exemplo, almofadas e cadeiras) que simbolizam outros personagens ou coisas.

Exercício para facilitar o surgimento de personagens

Eu utilizo este exercício tanto em sessões de *coaching* como nos treinamentos do papel de diretor nos cursos de formação em psicodrama.

O *coach* deverá ter a capacidade para assumir e desempenhar papéis já que muitas vezes, sobretudo no *coaching* bipessoal, assumirá papéis secundários ou fará intervenções na mudança de papéis ou terá papéis complementares ou imprevistos.

DESENVOLVIMENTO

Peço que caminhem pelo salão tomando consciência da respiração e que, sem falar, caminhem de diferentes maneiras: depressa, cansados, contra o vento, etc. Depois, solicito que caminhem como fazem habitualmente. Quando digo "*Stop!*" devem ficar congelados na posição em que estavam.

Então, eu digo: "tomem consciência dessa posição (...).[13] Agora prestem atenção a suas mãos. (...) ; que gesto elas estão fazendo? (...) ; agora juntem um movimento a essas mãos (...); agora, a partir desse movimento de mãos, incorporem um rosto (...); o que esse rosto que acompanha essas mãos expressa? (...); façam isso (...) ; agora incorporem todo o corpo ao movimento e criem um personagem. Sem deixar de se expressar, pensem (...); esse corpo e essa emocionalidade (...); a que personagem pertencem? (...) quem é? (...) de que sexo é? (...) o que faz da vida? (...) como e com quem vive? (...) ; de onde vem? (...); aonde quer ir? (...); o que sente? (...). A partir daí, agora agreguem uma linguagem, um discurso (...) ; ajam como o personagem e interajam com os outros."

Finalmente, peço-lhes que se despeçam desse personagem, que o deixem por ali em um canto (para, se quisermos, voltarmos a encontrá-lo, para continuar pesquisando) e recuperando o que cada um é, nos reunimos para compartilhar e processar as descobertas.

É surpreendente o que este exercício possibilita. Sem dúvida irão surgir muitos aspectos fáceis de identificar e outros insuspeitos e extremamente reveladores.

> *Lembro do caso de J. O personagem que surgiu acabou sendo Atlas. Sustentava o mundo, a todos. Ao unir um texto à sua ação, disse: "se não o sustento, eu caio".*
>
> *No compartilhar do processamento final, referindo-se não apenas à sua vida pessoal mas também a seu ambiente empresarial pode se dar conta de quão pesado era sustentar tudo e quanta energia investia nisso; mas esse era o "pedágio" que ele pagava; sustentar lhe valorizava e dava sentido à sua existência. Senão, ele caía.*
>
> *Em sessões posteriores, pudemos continuar a investigação, tomando consciência de como o pagamento desses pedágios lhe empobrecia ao lhe impedir que assumisse outros papéis. E finalizamos questionando sobre a matriz na qual essa conduta se fundamentou.*

---

[13] As reticências (...) representam uma pausa para dar tempo aos participantes de responderem a cada parte do pedido.

COACHING, *TEORIA DE PAPÉIS* E *PENSAMENTO DE CENAS*

A prática do *coaching* nos põe frente a frente com a narrativa do *coachee*. Nesses relatos, existem tempos, várias situações, cenários onde os fatos acontecem, protagonistas, personagens que interagem, estados emocionais, etc. Apesar de entre *coach* e *coachee* o modo verbal de expressão ser mais desenvolvido, nosso pensamento não é constituído apenas por encadeamentos significativos de palavras mas também dá origens a imagens, cenas e, com elas, também os pensamentos que os *coachee* relatam.[14]

Denominamos a isso "pensamento em cenas". Costuma acontecer com todos nós, mas não somos conscientes disso. A prática treinada faz com que isso me ocorra de modo automático e não apenas como terapeuta, mas como *coach*, costumo prestar muita atenção às imagens que se apresentam. A maior parte das vezes, como em uma meditação, deixo-as passar; mas algumas me convocam, e costumam ser muito reveladoras. Seleciono um pedaço dessa cena e a proponho como cena a ser dramatizada.

Assim como penso em cenas, o relato do *coachee* também me remete, por analogia, a um personagem. Isso é, o que, neste instante, chama minha atenção já não é a cena toda, mas sim um personagem. Pode ser uma pessoa, um animal, um objeto. Às vezes, da mesma forma que com as cenas, desestimulo o pensamento. Em outras oportunidades, incluo-o na conversa e na sessão de *coaching* de duas maneiras:

- Compartilho a imagem com o *coachee* e fico na expectativa de ver/escutar como isso ressoa. Quase como se se tratasse de uma intuição que, como tal, deve ser checada e validada pelo *coachee*. Às vezes, é rechaçada e outras – muitas – gera surpresa e revelação.

> *Em uma sessão de* coaching *com Olga, executiva de uma entidade financeira, prestei atenção à sua corporalidade na sessão. Sentada de maneira muito delicada, intervinha pouco ou nada e olhava*

---

[14] Em seu livro *Fundamentos para uma Teoria de Psicodrama* (1987), Carlos Martínez Bouquet desenvolve o conceito de teoria da cena. Cabe destacar que J. Rojas Bermúdez, C. Martínez Bouquet, Eduardo Pavlowsky, Fidel Moccio, D. Bustos, entre outros, introduziram o psicodrama na Argentina.

> *ao redor com seu pescoço esticado, como se estivesse farejando. "Parece uma gazela", pensei. Compartilhei com ela a minha observação, solicitando-lhe que me dissesse o que lhe sugeria. Diante do desgosto que produzi, ela sorriu e abriu uma possibilidade mais ampla de imagens, atitudes e papéis associados à personagem.[15] Pode reconhecer e dar-se conta de que aquela era uma personagem – a gazela – que lhe serve para tomar distância. Fica à distância, mas ainda assim atenta e alerta a qualquer ataque. Provoca justamente um efeito contrário ao que deseja: o de ser aceita. Algumas vezes, é considerada por outros como altiva e não comprometida.*

- Sugiro fazer dramaticamente uma cena com o personagem na qual jogo outras variáveis. Por exemplo, faço com que interpretem um papel oposto (leão, tigre), ou incluo na cena um outro personagem que atue em um contrapapel (caçador). Às vezes é mais fácil ver ou reconhecer um papel ou personagem de fora do que em si mesmo.

É surpreendente dar-se conta como determinados papéis estão, na verdade, encobrindo outros temidos, rechaçados ou disfarçados. O pacífico pode encobrir o violento; o enojado o triste; o cansado o deprimido.

A gazela de Olga lhe servia defensivamente diante das suas dificuldades para se relacionar, mas também encobria e pacificava seus próprios aspectos agressivos.

Exercício
Pares antitéticos de papéis e personagens

É uma dinâmica que utilizo indistintamente nos treinamentos de papel de diretor de psicodrama ou em sessões de *coaching*. Na oportuni-

---

[15] Considero importante que em intervenções deste tipo explicitemos com um talvez, pode ser, me parece, me dá a impressão. As interpretações do *coach* não são verdades onipotentes que se inoculam, mas sim hipóteses a ser completadas, ratificadas, refutadas ou corrigidas pelo *coachee* ou pelo grupo.

dade que estou relatando, foi empregado em um *coaching* grupal com executivos de diferentes empresas. O grupo era misto. O emergente foi Jorge, um dos participantes, cuja brecha e dificuldade era que ele se considerava exigente com o trabalho em relação com seus relatórios, mas sensível e emocional no privado ou fora do escritório. Ele se mostra "duro" e é avaliado como tal, mas ele gostaria de ser conhecido e reconhecido em seu outro aspecto. É o que Moreno chamava de "conflito primário entre papel e pessoa". Dadas as ressonâncias e identificações com o protagonista, decidi "grupalizar" esta temática com a seguinte prática:

Desenvolvimento

Comecei com a declaração: "Pensem, cada um, em uma característica que os particularize. Entre todas as que lhes aparecem, selecionem uma mas não a revelem. Uma vez escolhida, pensem em uma cena real ou imaginária em que essa característica ou particularidade seja posta em evidência. Ao dramatizar, distribuirão papéis às outras pessoas que participarão da cena mas sem mencionar nem revelar ao público a característica que vão trabalhar."

À medida que surgiam, as cenas eram dramatizadas. Houve cenas em pares, em trios, em grupo. Os membros do grupo assumiram os diferentes papéis, para os quais atuaram como eus-auxiliares.

Ao finalizar cada cena, os observadores deviam dizer qual acreditavam ter sido, em cada caso, a particularidade expressada. Finalmente, cada protagonista revelava qual era a característica e se trabalhou a diferença de percepção entre sua crença e a do público.

Como fechamento, fez-se um processamento e interpretação.

Exemplo

Dois pares saem do cinema. Três conversam animadamente sobre o filme, expondo seus pontos de vista diferentes e contrapostos. O quarto – o protagonista que introduziu a cena – permanece escutando, atento mas sem dar opinião. Ao finalizar, ele revela

> *que a particularidade escolhida para a cena é "ser lacônico", que é a forma como ele se considera. E o seu par ou papel antitético é o "conversador". Foi muito surpreendente e revelador para o protagonista que os outros companheiros, a partir do papel de espectadores, viram essa atitude como de alguém "cauteloso" ao invés de lacônico e ao papel antitético como alguém "que se joga". No processamento posterior, ele pode tomar consciência de que, em muitas circunstâncias, seu personagem lacônico encobria um aspecto mais defensivo e controlador para não ficar exposto frente aos outros.*

A partir das inúmeras possibilidades advindas do *coaching* grupal, aconteceu também que essa cena possibilitou a tomada de consciência de Jorge, o participante que havia introduzido o tema a princípio. Ele também pôde compartilhar que também era controlador e que muitas vezes o que a sua equipe reclamava é que ele não fazia nada enquanto os demais faziam o que ele mandava. Quem sabe isso – entre outras coisas – explicasse a falta de motivação e criatividade da sua equipe.

Uma variante que às vezes introduzo é fazer com que o protagonista saia da cena e convidar alguém do público a ocupar esse lugar, intervindo na cena a partir de outro lugar ou papel. É uma maneira de mostrar a possibilidade de dar novas ou diferentes respostas à espontaneidade e à criatividade.

Conclusão

Vivemos em um mundo de relações e redes de relacionamentos. Os papéis vão se desenvolvendo – sempre na relação com os outros – como unidades de conduta desde as mais simples até outras mais complexas. Dão conta dos vínculos e das interações. Quanto maior a espontaneidade, maior a possibilidade de desempenhar papéis. Se a espontaneidade é afetada, as condutas e os papéis serão limitados e estereotipados. Papéis e personagens povoam nossas sessões de *coaching*. Eles aparecem nas narrativas e nas cenas do *coachee*.

O *coaching* com psicodrama é uma alternativa enriquecedora para colaborar com o papel transformador do *coach* em relação ao *coachee*, mas também sendo um observador de si mesmo, questionando e repensando seu próprio papel, também, suscetível a ser transformado.

Mais plástico, mais criativo e mais integrador.

O desempenho de papéis chega a ser, sem dúvida, uma ação libertadora e transformacional.

O *coaching* também.

Segunda Parte

*Soprar Brasas em Ação.
Práticas Transformacionais*

Capítulo IV
O Jogo e Outras Práticas.
Considerações Teóricas e Metodológicas

Certa tarde, conversando com minha amiga Inês sobre este livro, enquanto ainda o gestava, ela me disse: "Mas você vai partilhar seus exercícios? Vai dar-lhes a fórmula, o segredo das práticas que você recriou em tantos anos?"

Sua pergunta, com a intenção de me proteger, convidou-me à reflexão e me lembrei da história que agora quero compartilhar:

> *Um homem tinha um jardim com as flores mais belas e perfumadas que se podia conhecer. Ano após ano, ganhava o prêmio pelas flores de maior tamanho e qualidade e, como era de se esperar, era admirado em toda a região.*
>
> *Um dia, aproximou-se dele um jornalista para perguntar-lhe o segredo de seu sucesso e o homem respondeu:*
>
> *— Meu sucesso se deve ao fato de que retiro as melhores sementes de cada cultivo e as reparto com meus vizinhos, para que eles também as semeiem.*
>
> *— Como? – disse o jornalista – mas isso é loucura. Por que reparte suas melhores sementes com seus vizinhos, se você também participa do mesmo concurso ano após ano? Por acaso não teme que seus vizinhos fiquem famosos como o senhor e roubem seu prestígio?*
>
> *— Veja só, senhor – disse o floricultor – o mesmo vento leva o pólen das flores de um jardim a outro. Se meus vizinhos cultivas-*

> *sem sementes de qualidade inferior, a polinização cruzada degradaria constantemente a qualidade das minhas flores. Se desejo cultivar as melhores e mais belas flores, devo ajudar para que meu vizinho também o faça.*
>
> *O mesmo ocorre com outras situações de nossa vida. Quem quer ter sucesso, deve ajudar para que seus vizinhos também o tenham. Quem decide viver bem, deve ajudar para que os demais vivam bem, porque o valor de uma vida se mede pelas vidas que toca. E quem opta por ser feliz, deve ajudar para que outros encontrem a felicidade, porque o bem-estar de cada um se encontra unido ao bem-estar dos demais. É necessário compartilhar nossas melhores sementes de qualidades e virtudes para obter uma excelente colheita, que se verá refletida em uma sociedade melhor.*

Esta parte técnico-prática é um convite. Um convite ao crescimento e à transformação.

Proponho-me também que seja uma oportunidade para:

- expandir suas competências para o *coaching*;
- refletir, recordar e compartilhar novos desenvolvimentos;
- o seu desenvolvimento pessoal; ser o seu próprio *coach*;
- ser *coachee* de outros;
- liderar com mais eficiência;
- tomar consciência; dar-se conta de algo;
- ajudar... uns aos outros. Para amar e respeitar.

Trata-se de poder equilibrar adequadamente o desenvolvimento pessoal com o apoio do crescimento, desenvolvimento e transformação dos outros.

Ambos levam a um *coaching* eficaz.

Comecei muito jovem – aos 17 anos – a trabalhar com grupos. Naquele tempo, atuava como instrutor de atividades educativas e recreativas em clubes e instituições sociais e desportivas. No começo com crianças e, mais tarde, com grupos de adolescentes.

Assim, meu primeiro trabalho foi o que começou a delinear uma trajetória de vida que se prolonga até hoje e que recordo com muita nostalgia. Como já contei em *A Arte de Soprar Brasas*, foi de um desses grupos que me contactaram "os meninos", hoje homens feitos, quarenta anos depois, porque se reuniam e queriam que eu estivesse presente. Escutei deles uma das frases de amor e gratidão que mais impactaram em minha vida: "como não poderíamos nos lembrar de você, se você foi a matriz do que muitos de nós somos hoje?"

Desde então com eles, e depois ao longo de minha atividade profissional como psicólogo, psicodramatista e consultor em organizações e empresas, tenho continuado aprendendo que *não há nada mais prático do que uma boa teoria e que é igualmente crítico pensar sem atuar quanto atuar sem pensar.*

Por que esta introdução? Porque, ao escrever, penso como psicodramatista, em cenas; porque gosto de partilhar reflexões com um leitor imaginário e, fundamentalmente, para destacar que cada uma das atividades projetadas e planejadas para o trabalho com pessoas, grupos e equipes em minha atividade, tanto lá atrás quanto agora, estava e está baseada em sólidos fundamentos teóricos.

Sem esta concepção básica, tratar-se-iam apenas de (mais uma vez o "êxtase" das palavras) práticas "dinamizadoras" ou técnicas "mobilizatórias" sem conteúdo, que lamentavelmente abundam por aí.

Atualmente – na verdade desde 1995 – agrego uma perspectiva de ação transformadora que está presente em cada uma das dinâmicas e práticas que apresentarei nesta segunda parte.

As ferramentas e os conceitos que apresento aqui são um caminho; por certo e por sorte, não o único. Postular o jogo e outras dinâmicas como instrumentos de intervenção não exclui a palavra e a comunicação. As técnicas lúdicas são complementares de outros aspectos a se considerar. É uma proposta de integração para – a partir da compreensão do jogo como ação, corporalidade, criatividade, etc. – configurar um modelo operacional que enriqueça a ação do *coach*.

Os exercícios a seguir, práticas que vivenciei e experimentei pessoalmente, são apenas algumas das milhares de práticas possíveis e que convido você a explorar e descobrir, com o desejo e a expectativa de que se constituam em novos aportes e em uma contribuição válida para a transformAção.

É uma continuação do processo de aprender a ser um observador diferente.

Selecionei aquelas atividades que mais utilizo ou às que com maior frequência recorro e que me convêm (vêm comigo) porque ressoam com minhas crenças, meus sentimentos, minhas competências. Eu as considero úteis e poderosas em seus resultados, já comprovados, tendo sido praticadas por mim com centenas de pessoas, grupos, equipes e organizações. Não me considero seu autor. Algumas dessas práticas foram relatadas e até mesmo publicadas.

Apesar do fato de que alguns exercícios foram criados por mim a partir da prática cotidiana, outros são adaptações, modificações e recriações baseadas na experiência. Muitas das fontes não estão documentadas, porque sua origem pertence à herança humana. Em geral, todas são o resultado de um trabalho coletivo no qual sou simplesmente um coautor agradecido a colegas *coaches*, terapeutas, consultores, educadores, criadores, crianças de todas as idades, atores, pacientes, alunos e mestres variados, que são realmente quem emprestou sua sensibilidade, sua espontaneidade e criatividade, sua inteligência, seu amor, sua entrega e até mesmo a história de suas vidas, para criar a maior parte dos exercícios aqui apresentados.

Muitas delas têm um forte componente lúdico em relação com nossa rede relacional, comunicacional e de vínculos e há outras de caráter mais reflexivo e introspectivo, que remetem ao que chamamos de mundo interior.

O propósito é compartilhá-las com aqueles que pessoalmente, consigo mesmo, ou a partir do seu trabalho com outros, assumam o desafio de praticá-las.

O Jogo. Seu Significado na Expansão de Si-mesmo e do Entorno

Para jogar, há que se jogar a sério.

O jogo é uma atividade espontânea ou induzida, realizada por uma ou mais pessoas, que se realiza em um espaço e tempo determinados, com um objetivo e um sistema de regras ou exigências obrigatórias, mas de livre aceitação.

No jogo, o indivíduo toma consciência do mundo interior e exterior, desenvolve a fantasia e expande sua criatividade.

O jogo também é um meio para a aprendizagem e a transformação. Desde Freud, passando por Melanie Klein, D. W. Winnicott e muitos outros, o jogo foi definido como uma tentativa de elaboração de situações traumáticas mas, além disso, como uma expressão do potencial criador do ser.

Jogar é um fazer, mas também é um fazer-se (Gili e O'Donnell, 1978). Freud já fazia a distinção entre jogar e fantasiar.

A fantasia ocorre no espaço do intrapsíquico, a ação está no pensamento; o jogar é transformador porque se trata de um fazer onde o imaginário adquire categoria de ação.

O jogo ocorre entre o dentro e o fora, o interno e o externo, entre o objetivo, o subjetivo e o relacional intersubjetivo. Seu caráter de aprendizagem transformacional envolve tanto o *coachee* quanto o *coach*.

Parafraseando Winnicott (1972)[16], poderíamos dizer que o *coaching* é a zona de encontro entre o jogo do *coach* e o jogo do seu *coachee* e quando um dos dois não sabe jogar, o *coaching* é impossível.

---

[16] Winnicott falava de psicoterapia, terapeuta e paciente; eu substituí esses termos por *coaching*, *coach* e *coachee*, respectivamente.

ASSIM COMO A CRIANÇA, O ADULTO PODE CONTINUAR BRINCANDO

Desde o início de sua existência, o ser humano é um brincalhão. Com seus pais há brincadeiras corporais, de olhares, gestos, formas, sons e palavras.

Nossas primeiras aprendizagens de vida foram realizadas através de jogos.

Pesquisas em culturas milenares revelam a existência de jogos desde a Antiguidade.

As pinturas rupestres encontradas falam de jogos que já existiam; o mesmo revelam as ruínas incaicas do Peru e as bonecas encontradas nas tumbas de crianças do século IX a.C. (Maria R. Gramigna, 1994).

Para muitos, o jogo é o exercício mais potente que o homem pode fazer a partir da sua liberdade. Ortega y Gasset dizia que é a única atividade na qual o ser pode experimentar até mesmo sua própria morte.

A Amarelinha, um jogo universal de mais de 4.000 anos, simbolizava originalmente o trânsito entre a Terra e o Céu, da vida à morte. Primeiro, se jogava com a cruz egípcia e, com a chegada do Cristianismo, começou a se jogar com um desenho que reproduz uma igreja. Estão representados o átrio, as duas naves e o altar. Saltamos até chegar ao Céu e retornamos da morte com uma visão diferente da que tínhamos ao começar.

A pipa, igualmente antiquíssima, significa a alma que se lança a viajar pelos ares em uma região sem limites. Também faz referência ao desapego do eu e em algumas comunidades tem o objetivo de afugentar os maus espíritos (Cañeque, 1988).

Sem dúvida, a atividade lúdica é um poderoso instrumento para a aprendizagem e a transformação.

Apesar disso, muitas pessoas declaram sérias dificuldades para jogar. Culturalmente, estipula-se que o adulto deveria ser sério e socialmente aparecem papéis regulamentados. Todo aquele que não se ajusta ao papel determinado é reprimido e rechaçado. Propor uma dinâmica é entrar em uma zona de risco. É uma proposta de enfrentamento do novo, do desconhecido – próprio e dos outros – e convida a uma situação de mudança. Eu defini o *coach* como um provocador e um soprador de brasas. A proposta de um jogo ou exercício carrega em si uma certa dose de provocação. É um convite a sair da zona de conforto, do já conhecido, para entrar no âmbito da espontaneidade e da criatividade, da mudança e da aprendizagem. É uma provocação transformacional para soprar brasas no potencial transformador do próprio ser.

TEORIA DA PRÁTICA

O jogo e outras atividades, como dinâmicas e exercícios variados, oferecem múltiplas possibilidades. Através destas práticas, o sujeito descarrega, imita, processa, elabora, realiza desejos, expressa, manifesta-se, recorda, muda, cria, transforma.

Entendo as práticas como um meio e/ou como instrumentos de um processo de aprendizagem, formação e transformAção.

Existem uma concepção e uma metodologia transformacional que atravessam cada um desses instrumentos.

Na sessão de *coaching*, o jogo ou exercício é proposto pelo *coach* a partir do que emerge na sessão, ou porque considera adequado e conveniente em função de um processo prévio.

Em princípio, partimos da prática. Os resultados dependerão muito da criação prévia de contexto como também do compromisso e da entrega do *coach* ou dos *coachees* participantes.

Nem sempre aparece de imediato um efeito educativo, didático ou transformador destas atividades. O importante se manifesta no que se expressa ou se recupera posteriormente.

Logo, portanto, elaboramos e teorizamos sobre o realizado como parte de um processo que possibilita descobrir e descobrir-nos. As atividades também oferecerão material para o desenvolvimento de novas e diferentes práticas ou recriações. São meios que permitirão ver e ver-nos além do que se vê. A partir do subjetivo até o intersubjetivo e ao coletivo, localizando ainda este dentro de um sistema, dentro de relações e redes de relações dadas em um contexto histórico, social, estrutural.

Neste processo reconstruímos o vivenciado a partir do que aconteceu. O que se passou? O que fizemos? Como respondemos? Que pensamos e sentimos sobre o que foi realizado e os resultados obtidos? Qual é a analogia entre a atividade realizada e o que acontece ordinariamente em nossa realidade de trabalho, social, de casal, cuidado pessoal, etc.?

Finalmente, como conclusão:

- O que aprendemos? Sobre nós, sobre o outro, o vínculo, o trabalho, a nossa conduta, nossa realidade.
- Que situações de nossa vida cotidiana são similares à desenvolvida na prática ou no jogo e o que nos sinaliza a conduta que tivemos nela?
- Se essa situação voltar a se repetir, o que poderíamos fazer de diferente?

A partir deste ponto, a teoria se converterá em novas práticas transformadoras que nos permitirão operar expandindo nossa capacidade de ação efetiva sobre o pessoal, o interpessoal e o social, assumindo respons(h)abilidade e compromissos para oferecer criativamente novas respostas a situações antigas e respostas adequadas a novos desafios.

SETE CONSIDERAÇÕES PARA SE ESCOLHER UMA ATIVIDADE[17]

Dada uma circunstância, devemos determinar:

- **Para que** a utilizaremos. Focalizar assim o objetivo, que definirá o instrumental que vem a seguir.
- **Que** ferramentas vamos utilizar; também **que** tema estamos trabalhando.

---

[17] Um *coachee* jornalista me ensinou certa vez o conceito dos 5 Ws e 1 H para se conceber uma notícia:
- *What:* O quê?
- *When:* Quando?
- *Where:* Onde?
- *Why:* Por quê?
- *Who:* Quem?
- *How:* Como?

Eu me permito acrescentar mais uma que me parece ser a mais importante e da qual se derivariam todas as anteriormente citadas: **Para quê**.

Adotei este mesmo critério e o transfiro para a concepção da utilização de várias técnicas para o *coaching*, para a sessão psicoterapêutica, para a didática, etc.

- **Por que** vamos utilizá-la.
- Com **quem**.
- **Onde**.
- **Quando**.
- **Como**.

As técnicas ou práticas são apenas ferramentas. Não são nem boas nem más. Isso dependerá do juízo ou da valoração subjetiva do observador. Não são em si mesmas formativas, educativas etc. São ferramentas ou procedimentos que empregamos em função de um processo e do caráter que o *coach*, terapeuta, facilitador, educador queira imprimir.

Antes de selecionar uma técnica ou prática, seria imprescindível:

1. Definir o objetivo. **Para que** faremos isso? Que objetivo persigo? Às vezes, o objetivo é simplesmente indagar de um modo não verbal, mas sim através da ação; outras é para abrir possibilidades, e outras para demonstrar ou facilitar o "dar-se conta".

2. Circunscrever não apenas **que** tema ou temas estamos trabalhando, mas também definir claramente **até onde** podemos e queremos chegar.

   Coachear implica trabalhar não apenas com a linguagem; também o fazemos com o corpo, com a emocionalidade e o psiquismo dos seres humanos, o que exige conhecer e respeitar o limite de nossa própria competência.

3. Considerar com **quem** estamos trabalhando. Quais são as particularidades da pessoa, do grupo ou da equipe; há enormes diferenças, por exemplo, se tratamos com engenheiros ou filósofos, com pessoas da área de vendas ou de RH, se se trata de jovens ou de pessoas mais velhas, com doenças de risco ou não, etc. Também é relevante levar em conta os componentes culturais do país, da empresa ou organização e, é claro, do grupo humano com o qual interagimos; o contato corporal, por exemplo, não é considerado igualmente em todos os lugares (Rosinski).

4. O espaço **onde** se realizará uma dinâmica. Assim como no *coaching* ou na psicoterapia, também nessas circunstâncias se exige

um ambiente de acordo com as necessidades. Refiro-me ao espaço físico assim como ao espaço de resguardo psicológico, confiança, intimidade e privacidade, com claros acordos de respeito mútuo. Não se poderia planejar uma dinâmica de muita ação em um espaço reduzido, da mesma forma que se torna pouco íntimo trabalhar diante de pessoas que nada têm a ver com os envolvidos nas dinâmicas.

O onde também se relaciona estreitamente com o quê, de acordo com o tempo disponível e a quantidade de participantes.

5. O **como** se refere à necessidade de conhecer muito bem a dinâmica que se colocará em prática, suas possibilidades e limites, utilizando-a oportunamente e conduzindo-a de maneira adequada.
6. **Quando** e **por que**. A resposta a estas perguntas dependerá de cada profissional/*coach*/facilitador. Existe um *timing*, uma "sensibilidade perceptiva" em cada coordenador que o guia na definição do momento oportuno para sugerir uma dinâmica.

Apesar destas considerações preventivas nem sempre se consegue que as atividades, sobretudo as que incluem um componente lúdico, tenham o sucesso que esperamos. Às vezes, o resultado é conseguido plenamente, e em outras há apenas "momentos". Participar em um jogo ou dinâmica implica mobilizar temores e ansiedades diversas.[18] Muitas vezes, isso é vivido por alguns dos participantes como perigoso ou proibido e, diante da impossibilidade de reconhecer esta limitação, defensivamente começam a desqualificar a proposta.

Em outros casos, quando os participantes que a princípio se mostram relutantes em jogar descobrem o prazer de fazê-lo, os resultados são muito satisfatórios.

Ocorre comigo com frequência que assim que me ponho à frente do grupo, percebendo a energia, a modalidade particular, a disposição e o emergente, posso definir e selecionar a dinâmica que aplicarei.

---

[18] Entre muitas outras: ver-se, enxergar-se, ser visto, expor-se, não ser notado, ser criticado, ansiedade pela proximidade corporal com outros, de ser confundido com o papel que interpreta, medo do descontrole, do ridículo, de mostrar aspectos desconhecidos, de ficar exposto à expressão de afetos, do erótico, do amor, etc.

> *Em minha casa reuni pequenos e grandes brinquedos sem os quais não poderia viver.*
>
> *A criança que não brinca não é criança, mas o homem que não brinca perdeu para sempre a criança que vivia nele e que lhe fará muita falta.*
>
> Pablo Neruda, *Confesso que Vivi.*

SUGESTÕES

Não compre às cegas! Não aceite incondicionalmente! Experimente! Não apenas leia, pratique. Anime-se a enfrentar o desafio de praticar.

Se não gostar de alguma das práticas trate de não desqualificar o exercício; quem sabe você não gosta agora ou simplesmente ela não é para você?

Não faça tudo de uma vez.

Alguns – muitos – dos exercícios e práticas a seguir podem ser implementados tanto em *coaching* bipessoal como em grupal e outros são autodirigidos. Você decide quando, como e com quem. Convido você a explorar sua criatividade para sua adaptação e implementação.

Não empregue técnicas ou exercícios sem uma boa razão para fazê-lo.

Pode acontecer de você se utilizar abusivamente das dinâmicas, o que provoca um efeito paradoxal, isto é, gera um efeito contrário ao que se esperava produzir. Muitos exercícios com o objetivo de "aquecer" ou preparar para a ação "esfriam" até o ponto da desmotivação; muitas vezes o exercício é proposto defensivamente, seja porque não se entendia o que estava acontecendo ou pelo *furor curandis*, pelo narcisismo ferido do facilitador, ou pela exigência de ter resposta para tudo, e isso nos faz introduzir uma dinâmica. Outras simplesmente porque muitas vezes um exercício é mais fácil de ser "digerido" do que a emocionalidade de um diálogo íntimo, intenso e profundo.

Por último, não se prenda à técnica em si.

O mais importante é o processo de aprendizagem e transformação.

As diferentes atividades: práticas, exercícios, dinâmicas, foram postas ao alcance de todos também para serem recriadas, modificadas, adequadas e para que, nesse mesmo processo transformacional, sejam criadas outras, novas.

Escuto e esqueço
Vejo e recordo
Faço e aprendo
Confúcio

Capítulo V
Autorreflexão e Conhecimento de Você Mesmo

Nada ocorrerá sem transformação pessoal. Aprender sobre nós mesmos, mais do que uma obrigação, é um desafio e uma oportunidade. Animarmo-nos a sermos nossos próprios observadores indagando em nosso mundo interior, conhecer-nos e deixar-nos conhecer é uma boa razão para começar estes exercícios.

Podem ser praticados pelo *coachee* na intimidade, assim como realizados em presença do *coach*. Muitas vezes eu os dou como tarefa para casa que se transformará em temáticas para o *coaching* seguinte. Neles predomina o reflexivo a partir da introspecção e da auto-observação.

O *coach* decidirá se utiliza cada um de forma isolada ou combinando dois ou mais exercícios entre si.

1. Indagando-me

- Quais foram as cinco atividades principais que desempenhou na semana passada?

  Quanto tempo gastou em cada uma delas?

  Quais delas queria realmente fazer e quais fez por obrigação?

- Escreva uma lista de quinze coisas que gosta de fazer. Por exemplo, ler, caminhar, escutar música, trabalhar, fazer amor, viajar no fim de semana, etc.

Ao lado de cada item da lista escreva a data aproximada da última vez que se permitiu realizá-lo (talvez você se surpreenda com o passar do tempo).

- Da lista anterior, aponte duas (e somente duas) atividades com metas pessoais a realizar na próxima semana. (Não têm que ser necessariamente as mais difíceis de se levar a cabo. Às vezes são algo tão simples quanto comprar aquele CD que deseja ou sair para caminhar com sua parceira.)
- Complete com duas ou três orações as seguintes frases:
    - quando era criança, eu gostava de...
    - não faço muito, mas gosto de...
    - investir tempo em mim mesmo é...
    - desfruto secretamente de...
    - se me animasse, poderia...
    - três coisas divertidas que nunca faria são...
    - três coisas que gostaria de provar são...
    - minhas características que eu mais gostava quando era criança eram...
- Quais são os aspectos de mim mesmo com os quais estou em desacordo e que eu queria modificar?

    Escolha um deles, o menos complicado, tome-o como uma meta e comece a agir para alcançá-la. Agora.

Uma vez realizados os exercícios anteriormente mencionados, tire um tempo para refletir e escreva:

- Como me sinto com o que realizei?
- O que aprendi?

Acredito não estar enganado ao pensar que, a partir daqui, você já tem bastante material para trabalhar.

Sucesso!

2. Gente Conhecida

a) Tente responder estas perguntas:
- Quais são as 10 pessoas mais ricas do mundo?
- Quem são os 5 últimos ganhadores do *Grand Slam*?
- Quais foram as últimas 5 equipes campeãs de futebol nas Olimpíadas?
- Mencione 10 ganhadores do Prêmio Nobel.
- Quem são os ganhadores do Oscar de melhor ator e melhor atriz nas últimas 5 edições?

Qual foi seu desempenho? Conseguiu responder à maioria das perguntas?

b) Agora tente ver como você se sai em relação à seguinte lista:
- Ponha em uma lista alguns mestres ou guias que lhe legaram algum aprendizado especial.
- Mencione três amigos que estiveram ao seu lado em momentos difíceis.
- Lembre de cinco pessoas que fizeram você se sentir querido(a) ou especial.
- Mencione três pessoas com quem você gosta de estar ou compartilhar.
- Mencione cinco líderes, heróis ou personagens cujas biografias lhe inspiraram.
- Lembre de três pessoas a quem no último mês você tenha ajudado ou com respeito às quais alguma atitude sua tenha tido significado.

Foi mais fácil, não é?

Acontece que as pessoas que fazem diferença na nossa vida talvez não sejam as mais famosas, com mais dinheiro ou mais títulos ou prêmios.

São aquelas a quem queremos bem, de quem gostamos.

> *Ontem não fui aquele e hoje não sou este; mas é útil ver hoje o que se foi ontem. Porque é nesta dialética que se está construindo aquele que se será amanhã.*
>
> Eduardo Pavlovsky

3. Autobiografia

a) Escreva sua autobiografia (com o mínimo de dois parágrafos).

Tente fazer um relato exaustivo, destacando os fatos e as pessoas que na sua opinião contribuíram para fazer de você a pessoa que você é hoje.

b) Uma vez terminada a autobiografia, reflita sobre as seguintes perguntas e escreva breves respostas:
- O que você aprendeu/do que se deu conta ou tomou consciência fazendo este exercício?
- O que a sua história de vida fala sobre você mesmo(a)?
- Que emoções atravessam esta história depois de escrita?
- O que dizia e sentia o seu corpo enquanto a escrevia?

c) Com base em sua autobiografia, transforme-se em um(a) observador(a) de você mesmo(a), respondendo por escrito as seguintes perguntas:
- O que não posso mudar (por exemplo, o meu passado)?
- O que não quero mudar ou escolho não mudar (por exemplo, meu cônjuge)?
- O que desejo ou necessito mudar (por exemplo, meu bloqueio emocional)?

Versão grupal

A terceira parte deste exercício também pode ser realizada em grupo, empregando uma dinâmica diferente. Pessoalmente, eu o pratico da seguinte maneira:

Assinalo em um extremo do salão uma linha de partida e no outro extremo uma linha de chegada. O trânsito entre uma linha e outra representa "o caminho da vida".

Todo o grupo se coloca atrás da linha de partida.

Comando

O *coach* diz: "Um de cada vez irá percorrer o caminho entre as linhas. No trajeto, terão três paradas. Na primeira – depois de uma reflexão – dirão no que não podem mudar. Na segunda, o que não querem mudar. Finalmente, na terceira, o que desejam ou precisam mudar". Assim passam para trás da linha de chegada. Isso se faz em voz alta, compartilhando com o resto do grupo, que permanece em silêncio. Uma vez que todos tenham passado, o grupo se reúne para "processar".

4. Argumento de Vida

Como o argumento de um filme ou de um romance, costumamos desenvolver uma variedade de argumentos de vida que acaba sendo um roteiro de nossa existência. Isto é, um conjunto de papéis, atitudes, modos, que de forma inconsciente, automática, esquematizada, repetimos diante das circunstâncias que enfrentamos na vida. Assim, por exemplo, alguém será aquele que "não tem sorte" (com o qual inibirá ações ou iniciativas), outro, uma criança enganada (não se pode acreditar ou confiar em ninguém, portanto continuarei fechado dentro de mim); outra será a "cinderela" (e irá necessitar de que venha um príncipe resgatá-la).

Participantes

Este exercício pode ser feito de forma individual, em duplas ou em grupo.
- Individualmente: trata-se de refletir e registrar por escrito o que foi observado.
- Em dupla: sentados frente à frente, refletir em silêncio e, em seguida, compartilhar com o companheiro.
- Em grupo: sentados em uma roda, cada um vai compartilhando com os outros. O enriquecedor deste exercício ser feito em grupo é que se os outros forem conhecidos, podem ir agregando coisas que conhecem ou sabem daquele que expõe, e que são vinculadas ao argumento que ele expressa.

Proponho que você reflita, respondendo por escrito as seguintes perguntas-guias:
- Qual é o meu argumento de vida atual?

- Que condições este argumento exige para se sustentar (pessoais e dos outros)?
- De que me serve? (encontrar o para quê, valorizando-o, não denegrindo).[19]
- Em que me prejudica?
- Que exemplos tenho?
- Como contribuo para que este argumento de vida se sustente?
- O que poderia fazer diferente?
- Que condições são necessárias para mudar este argumento?
- O que vou fazer?

5. Viajantes do Tempo I

Participantes

Individual, duplas ou grupos.

Preparação

Sentados, com os olhos fechados.

Exercício de relaxamento centrado na respiração e relaxamento.

Comando

O *coach* fala:

– Trate de se lembrar como era aos 7 anos (...); onde você morava? (...); quais eram suas brincadeiras favoritas? (...); que habilidades você tinha? (...); o que você gostava em você quando tinha esta idade? (...)[20]

---

[19] Em algum momento de nossa existência, isso nos foi útil e quem sabe ainda não tenhamos tomado consciência de que hoje o repetimos sem que seja mais necessário. Em outras palavras, trata-se de nos darmos conta de quais novas competências desenvolvemos e não estamos usando por nos apegarmos ao que já é conhecido; àquilo que nos foi útil no passado mas que hoje é limitante e condiciona nosso agir.

[20] As reticências (...) representam uma pausa para dar tempo aos participantes de responder a cada parte do comando.

O *coach* pode acrescentar e/ou utilizar a introdução que ache mais adequada em função do conhecimento que tem do seu *coachee*.

A seguir, depois de abrir os olhos: "escreva uma carta desta criança de sete anos para este ser que é na atualidade (...) Se você pudesse, o que ela diria?"[21]

Fechamento

Compartilhamento e processamento sobre o que foi escrito. Os que desejarem poderão compartilhar suas cartas em duplas e/ou com o grupo. Trabalho sobre o que surgir.

Nota

Um recurso extremamente interessante e poderoso é que o *coach* mantenha a carta e depois de um certo tempo a envie para o *coachee* pelo correio normal.

A redação da carta pode ser feita também de forma privada, como tarefa para um encontro posterior de *coaching*.

6. Viajantes do Tempo II

Introdução

Igual à de Viajantes do Tempo I

Comando

O *coach* diz:

– Imagine-se já tendo chegado aos 80 anos. Como você se imagina? (...); como se vê? (...); o que você desfrutou a partir dos seus 50 anos? (...); trate de ser muito honesto com sua visão, e bem específico.

Continuando: "escreva uma carta de você mesmo com 80 anos para você no momento atual (...). Se pudesse, o que diria? (...); que conselhos daria a você mesmo? (...); quais sonhos alentaria?"

---

[21] Como recurso indutivo de certa regressão, às vezes peçam que escrevam com a mão contrária à que escrevem normalmente. Exemplo: aos destros, peço que escrevam com a mão esquerda.

Fechamento

Compartilhamento e processamento do que foi escrito. Trabalho sobre o que surgir.

Nota

Um recurso extremamente interessante e poderoso é que o *coach* mantenha a carta e depois de um certo tempo a envie para o *coachee* pelo correio normal.

A redação da carta pode ser feita também de forma privada, como tarefa para um encontro posterior de *coaching*.

7. RESPIRAR E ESCUTAR I

Normalmente nossos sentidos são dirigidos para fora; eles nos relacionam com o mundo que nos circunda. Enquanto focalizamos nossa observação em algo, existem ao mesmo tempo coisas que permanecem fora do foco, mas elas não são inexistentes.

Muitas vezes os "ruídos" externos nos impedem de escutar nosso mundo interior.

Objetivos

- Dirigir nossos sentidos para dentro de nós mesmos. Facilita aprender e escutar realmente, com plena consciência e atenção.
- Ao aprender a escutar os ruídos/sons internos, os sons externos adquirem outra presença e também descobrimos outra ressonância interior.
- Descobrir a complexidade de cada som e, por que não, a riqueza e a complexidade do silêncio.
- Aprender a ser um observador diferente.

Participantes

Pode ser realizado individualmente, em duplas e em grupos.

Desenvolvimento

Sentados com comodidade, em silêncio. Tapam-se os ouvidos com os polegares e, ao mesmo tempo, tapam-se os olhos com as mãos.

Inspirar e expirar profunda e continuamente, escutando os sons da respiração.

Depois de 10 repetições, manter os olhos fechados e descansar as mãos sobre as coxas ou as pernas. Em silêncio.

Registrar o corpo e o estado emocional.

Sempre com os olhos fechados, escutar agora **todos** os sons possíveis, internos e externos, o mais suave, o mais longínquo, etc. Todos conjuntamente, como o som de uma orquestra em conjunto.

Ao fim de alguns instantes, escolher apenas **um som** para escutar (como se escutássemos um solista da orquestra).

Registrar a linguagem de nosso corpo, o estado emocional e, sobretudo, o que aprendemos.

8. RESPIRAR E ESCUTAR II

Este exercício pode ser realizado como continuação do anterior ou de forma separada.

Participantes

Individual ou grupal.

Comando

Sentado ou deitado, sozinho ou em grupo, em silêncio.

O *coach* diz:

– Respire pausadamente, tranquilo. (...); transforme-se em um observador de tudo que se dá conta, dizendo "neste momento, me dou conta de..." e complete a frase com aquilo que entra no seu "se dar conta" como observador. A observação pode se referir a algo interior ou exterior a você, ou a pensamentos, imagens, etc. Repita isso várias vezes. Para onde se dirigiu sua observação? Ao seu corpo ou ao exterior?

Dirija agora sua atenção ao que escuta e registre do que se dá conta, repetindo novamente em cada oportunidade "agora me dou conta de (ou percebo) ...", acrescentando o que escutar.

Continue com o exercício e enquanto sua atenção se dirige de uma coisa a outra, ou de um pensamento a outro, diga: "agora estou me dando conta de...(completar com algo interior ou exterior)" e, a seguir, acrescente "ao mesmo tempo não estou me dando conta de (...)" (completar com algo que até então não percebia). Repita o processo umas duas vezes, para observar o que descobre sobre você mesmo.

Finalmente, inspiramos profundamente e vamos soltando o ar, tentando relaxar e se soltar.

Assim, várias vezes até chegar a nossa respiração normal.

9. Dar-se Conta na Comunicação

Objetivos

- Tomar consciência de nossos modos particulares de comunicação e como a nossa interação com os outros pode ser afetada ou facilitada.
- Observar o quão atentos e/ou autenticamente interessados estamos no diálogo ou no encontro.
- Comprovar como nossas maneiras de comunicar abrem ou fecham possibilidades de interação.

Participantes

Para trabalhar em duplas ou em grupos.

Se o grupo for grande – não importa o número de integrantes – trabalhe em pequenos grupos de até quatro participantes.

Preparação

O *coach* diz:

– "O que vai acontecer são vários exercícios que vão se sucedendo e se encadeando. Depois de cada exercício, pedirei que se comuniquem segundo determinadas regras ou com algumas restrições. Também vou convidá-los a registrarem como se sentem, o que vivenciam, ou do que se dão conta, como se percebem a partir do falar e também a partir do escutar, perceber como se facilita ou dificulta a interação e até que ponto se conectam. Eu, como facilitador, vou guiando".

Disposição

Sentados frente à frente.

Comando

a) "Eu os convido a conversar durante cinco minutos. Façam-no, respeitando seu modo coloquial, habitual, falando do que quiserem. Qualquer tema é importante para tomar consciência de como falam e como se sentem enquanto se comunicam. Ao fim de cinco minutos (que pode parecer uma eternidade) interrompam, continuando em silêncio para refletir: de que cada um falou? Como falou? Olharam-se ou se evitaram? Sentem que se comunicaram ou só disseram coisas? Compartilhem suas reflexões com o companheiro ou o grupo. Como o exercício continua, podem fazer algumas anotações que sirvam como lembrete."

b) "A seguir, continuarão conectando-se, mas unicamente através de **afirmações impessoais (o, a, os), não é permitido orações em forma de pergunta**. Por exemplo 'o dia está bonito', 'as paredes são de ladrilho', etc. reflitam, escrevam e compartilhem a experiência com seu companheiro de trabalho: como foi se comunicar desta forma? Como se sentiram ao falar e escutar essas frases?"

c) "Comuniquem-se agora **apenas usando orações que comecem com a segunda pessoa do singular**. São frases referidas à pessoa com quem estão compartilhando a experiência. Não usem interrogações, por exemplo, 'você tem cabelo escuro', 'você é a pessoa que eu menos conhecia'. Reflitam, escrevam e comentem como foi este estilo de se comunicar."

d) "Agora conversem **apenas com declarações em primeira pessoa do plural (nós)**. Por exemplo, 'nós temos a mesma idade'. Reflitam, registrem e compartilhem sua vivência; façam também com relação às experiências anteriores."

e) "Conversem utilizando **apenas orações ou afirmações que comecem com a primeira pessoa do singular (eu ou meu)**, por exemplo, 'meu desejo é aprender a escutar', ou 'eu não sei o que dizer'. Reflitam, escrevam, compartilhem e comparem com os exercícios anteriores."

f) Finalmente, **"conversem usando apenas declarações/afirmações de primeira a segunda pessoa do singular (eu/você)**. Quer dizer que comecem com 'eu', 'meu' ou 'me' e envolvam ao outro, por exemplo, 'eu gosto da cor dos seus olhos', 'sinto-me muito confortável compartilhando a experiência com você'."

"Agora conversem e ao relembrar o que foi experimentado em cada tipo de conversa que tiveram compartilhem as aprendizagens do que foi vivenciado".

A experiência tenta demonstrar que em geral nos custa falar do eu, em primeira pessoa do singular.

Muitas vezes, colocamos a questão fora de nós mesmos, e soa diferente dizer "o dia está bonito" ao invés de dizer "eu gosto deste dia". Neste caso, falo mais de mim mesmo do que do dia. No caso de dizer "você está bonita", em vez de "gosto de você".

Quando falamos a partir do **eu**, nos revelamos mais e nos comprometemos mais. Faço uma clara declaração pessoal acerca de meus pensamentos, sensações, emoções, etc. Ao nos expressarmos em primeira pessoa, assumimos responsabilidade por nossas opiniões, agrados ou desagrados, posições, demandas, etc. Falando a partir do eu, assumimos responsabilidade na relação com o outro.

O modo de comunicar afeta as relações. Tomar consciência disso irá nos possibilitar diálogos mais diretos e honestos.

Essa diferença é relevante nas conversas do *coaching*.

10. QUEM VOCÊ É?

Participantes

Este exercício é para ser realizado em duplas.

Pode ser realizado em sessões bipessoais onde o *coach* será um auxiliar-facilitador, ou em grupos onde se trabalhará aos pares.

Preparação

Sentar-se frente à frente, observando-se. Em silêncio. Um participante é A; o outro é B.

A pergunta: quem você é?

B responde.

A pergunta novamente: quem você é? (Como querendo saber mais ou esperando uma resposta que vá além do formal, como nome ou sexo.)

B responde.

A pergunta outra vez e isso se repete 9 vezes.

O sentido da repetição é que essa é uma forma de se aprofundar cada vez mais, baixando as defesas e as respostas mecânicas como se fossem as camadas de uma cebola.

Tanto um quanto o outro descobrirão aspectos não pensados da própria identidade.

Se o trabalho for em pares de participantes, a seguir invertem-se os papéis, repetindo-se a mesma dinâmica.

Ao finalizar, será feito um breve diálogo sobre como se sentem em relação ao que foi descoberto e o que significou esta experiência para você mesmo e ao compartilhá-la com o outro.

Uma mulher estava agonizando. Logo teve a sensação de que era levada ao Céu e apresentada diante de um tribunal.

– Quem és? – disse uma voz.

– Sou a mulher do alcaide – respondeu ela.

– Perguntei-te quem és, não com quem estás casada.

– Sou a mãe de quatro filhos.

– Perguntei-te quem és, não quantos filhos tens.

– Sou professora de escola.

– Perguntei-te quem és, não tua profissão.

E assim sucessivamente. Respondesse o que respondesse, não parecia dar uma resposta satisfatória à pergunta "quem és".

– Sou uma cristã.

Não perguntei tua religião, mas sim quem és.

Não conseguiu passar no teste, e foi enviada novamente à Terra.

Quando se recuperou de sua doença, determinou-se a descobrir quem era. E tudo foi diferente.

Sua obrigação é ser.

Não ser um personagem, nem ser isto

Ou aquilo outro,

Mas sim simplesmente ser.

Anthony de Melo, A Oração da Rã

11. Eu Te Dou...

Participantes

Este exercício é para ser realizado em duplas. Pode ser realizado em sessões bipessoais onde o *coach* será um auxiliar-facilitador ou em grupos, onde se trabalhará aos pares.

Desenvolvimento

Sentar-se frente à frente, observando-se. Em silêncio. Sentados, olhando nos olhos.

Um participante é A, o outro é B.

A pergunta: "Quem és?"

B responde: "Eu te dou... (acrescenta aqui alguma coisa que daria ao seu interlocutor; pode ser um objeto ou a expressão de uma forma de seu ser que o torne particular, tanto aspectos que o agradem como aqueles que não. Por exemplo: um livro, minha coleção de CDs de jazz, um sorriso, minha desconfiança, meus medos, minha nobreza, etc.).

Isso é repetido três ou quatro vezes e se espera a resposta.

Logo, invertem-se os papéis e, ao finalizar, discutem sobre o significado da experiência.

12. Identificações Parciais

Muitas vezes escutei *coachees* ou pacientes dizerem, por exemplo, "sou diabético', ou "sou...(e acrescentam algum adjetivo que se transformou em alguma carga na existência)."

Corrijo dizendo: "você é (nome) e TEM diabetes".

Preparação

Para o *coach*: pegar uma folha de papel qualquer. Lisa ou pautada, de caderno ou de agenda. Segurando-a com a mão e deixando-a pendurada apresento ao interlocutor ou ao grupo, pedindo que descrevam o que veem com a maior quantidade de detalhes: é uma folha, sustentada pelos dedos de uma mão, tem ângulos retos, é comum, tem cores, lisa, move-se, etc. etc.

Comando e desenvolvimento

O *coach* diz:

– Agora fechem os olhos e imaginem que cada um de vocês é essa folha. Pensem e sintam na primeira pessoa (o *coach* vai expressando coisas ditas anteriormente). Tratem realmente de se sentir como esta folha: "sou uma folha, estou sendo sustentada por uma mão, movo-me pelo tremer da mão, tenho coisas escritas em mim, etc."

O *coach* irá falar de maneira pausada, contribuindo para o sucesso dessa identificação.

Ao final de alguns instantes, repentinamente e fazendo que se escute o ruído que gera, rasgará a folha ao comprido, separando-a em vários pedaços. Logo fará uma bola amassando os pedaços e até poderá jogar contra o chão e pisar.

Pedirá que registrem o que estão sentindo neste momento. O que aconteceu internamente? E então pedirá que abram os olhos e compartilhem pensamentos e sensações.

Geralmente os interlocutores se sentem amassados, partidos, jogados e às vezes também sentem raiva do facilitador. Isso pode ser legítimo e bastará pedir desculpas e compartilhar o sentido e o objetivo do exercício. A finalidade não é abusar ou menosprezar os sentimentos dos outros, mas sim evidenciar que isso que nos aconteceu em um exercício (realizado além de tudo em um ambiente de intimidade e de resguardo psicológico) é muitas vezes o que nos acontece em nossas vidas cotidianas, quando não diferenciamos entre o "ser" e a "identidade".

O *coach* diz:

– O que foi rasgado e amassado foi o papel e não vocês. Perdemo-nos de nós mesmos identificando-nos com aspectos parciais (por exemplo, uma doença. Dizemos "sou diabético ao invés de sou X e sou diabético") e com objetos e coisas externos a nós mesmos e que ao perdê-los sentimos que se perde nossa razão de ser (a perda de um emprego, uma separação amorosa, etc.). Ter consciência disso não irá evitar a dor da perda nem o medo de circunstâncias desconhecidas; ter consciência do ser nos possibilitará a geração de ações para responder às circunstâncias com as quais nos enfrentamos na vida.

Muitas vezes pensei o quanto pode ser narcisisticamente reconfortante quando alguém nos diz "não posso viver sem você".

Ao mesmo tempo, essa declaração se transforma em uma carga pesada que é a responsabilidade pela vida do outro.

Outro tema interessante para o *coach* reforçar é que mesmo que todos tenham olhado para o mesmo objeto, cada um mencionou e foi consciente de aspectos parciais do objeto observado, a folha.

Quem sabe havia aspectos que só foram percebidos quando outros o mencionaram, e que para alguns foram significativos e para outros não. Vamos lembrar os modelos mentais: "não vemos o mundo como ele é, mas sim como somos".

13. Cruzar os Dedos

Objetivo

- Demonstrar que a aprendizagem pode produzir incômodos porque requer sair de uma zona de conforto e que por isso existe resistência. Pois em maior ou menor medida, é acompanhada de certo incômodo ou sofrimento.

Tempo

Aproximadamente 10 minutos.

Lugar

Aula normal.

Participantes

Sem limites.

Também pode ser realizado em *coaching* bipessoal.

Comando

O *coach* diz:

– Soltem tudo o que têm nas mãos (...); agora pedirei que entrelacem os dedos das duas mãos (o *coaching* facilitador exemplifica) como fazem habitualmente. (Posição 1.)

Permaneçam assim um instante, percebendo qual é a sensação.

Continuem com as mãos cruzadas até que dentro de alguns instantes eu irei solicitar – não façam ainda, apenas escutem e observem o que eu farei – que descruzem os dedos, que girem as mãos como uma engrenagem e que voltem a cruzar os dedos, desta vez em outra posição.

Quando estiver seguro de que todos compreenderam o comando, solicite que – agora sim – abram as mãos, girem a engrenagem e voltem a cruzar os dedos. (Para checar a compreensão, o polegar que estava em cima na posição anterior, agora deverá estar abaixo. Posição 2.)

– Novamente, deem-se alguns instantes para perceber qual a sua sensação neste momento. Depois podem soltar e colocar as mãos e os braços na posição que quiserem.

Processamento

Abre-se um espaço para comentários, sensações e reflexões.

Perguntas disparadoras:

- Em que posição se sentiram mais confortáveis? 1 ou 2?
- Alguém sentiu incômodo na posição 2?
- Onde tinham maior consciência dos dedos?
- Resistimos à mudança? Se for afirmativo, por quê?

A partir daí, o *coach* convida a refletir sobre a aplicação deste exercício em diferentes aspectos da vida. Como por exemplo, por causa da resistência e da fuga da dor, negamos a nós mesmos a aprendizagem e a transformação.[22]

Sair da zona de conforto abre a possibilidade de se tomar maior consciência. Significa sair, expandir e ampliar.

Nota

Este exercício também pode ser praticado cruzando os braços na altura do peito ao invés de se fazer com as mãos.

14. QUEM SOU?

Objetivos

- Que a pessoa tome maior consciência sobre si mesma.
- Refletir sobre o que comumente respondemos quando nos perguntam "quem é você?" Demonstrar que habitualmente nos definimos pela profissão, pelo nome, pelo estado civil, etc., mas raramente respondemos sobre coisas mais essenciais da pessoa que somos.

Participantes

Este exercício pode se desenvolver de forma individual ou grupal.

Duração

30 minutos.

---

[22] Ver Wolk *op. cit.*, Capítulo 2.

Lugar

Um salão amplo preparado para que os participantes possam escrever com comodidade.

Material

Um questionário (ver página seguinte) e um lápis para cada participante. Cada facilitador poderá acrescentar ou tirar os itens que, ao seu critério, se ajustem melhor aos objetivos que planeje.

Desenvolvimento

a) **individual**

O *coach* solicita ao *coachee* que, por escrito, responda à pergunta: "quem sou?". Depois, apresenta o questionário e solicita que o responda.

Finalizada a tarefa, iniciar um diálogo sobre o que se deu conta, do que tomou consciência.

b) **grupal**

O *coach* facilitador solicita que, por escrito, respondam de forma individual a pergunta: "quem sou?"

Uma vez respondida, entrega a cada participante um questionário-guia para que o responda de forma individual.

Em pequenos grupos, compartilham o que foi escrito e as impressões que têm do que foi realizado. Finalmente, o grupo se reúne na sua totalidade para realizar um processamento final.

O *coach* pode guiar os comentários a partir das seguintes perguntas.

- Que dificuldades tiveram ao preencher o questionário?
- Que pergunta foi mais fácil ou mais difícil?
- Como se sentiram ao respondê-la?
- Do que se deram conta? O que aprendemos?

14. QUEM SOU?
QUESTIONÁRIO[23]

1. Minha atividade favorita é..
2. Se pudesse ter um desejo, seria..
3. Sinto-me feliz quando...
4. Sinto-me triste quando..
5. Sinto-me muito importante quando..
6. Uma pergunta que tenho sobre a vida é..
7. Fico com raiva quando..
8. A fantasia que tenho às vezes é..
9. Quando fico com raiva, eu...
10. Quando me sinto triste, eu...
11. Quando tenho medo, eu..
12. Tenho medo quando...
13. Sentir-me valente quando..
14. Amo a...
15. Vejo a mim mesmo como..
16. Algo que faço bem é...
17. Estou preocupado com..
18. Mais do que tudo, eu gostaria de..
19. Se fosse criança, eu...
20. O melhor de ser eu é...
21. Odeio..
22. Desejo...

---

[23] *CD 1.000 Dinâmicas de Grupos*, DESA – Desarollo Empresário. Minha gratidão a Horacio Cairo e Associados pela autorização.

15. Sucessos e Aprendizados

Na vida, temos feito aprendizagens e temos recursos que muitas vezes esquecemos; mas eles existem. É preciso apenas: "soprar brasas".

Objetivos

- Conscientizar dos sucessos obtidos em diferentes circunstâncias e áreas da vida, relacionando-os com os recursos que utilizamos para obtê-los.
- Identificar os recursos pessoais com os quais cada um conta atualmente.

Participantes

Este exercício pode ser realizado individualmente ou como atividade grupal.

Duração

Aproximadamente 45 minutos.

Materiais

Folhas de papel e lápis para cada participante.

Desenvolvimento

a) O *coach*/facilitador distribui entre os participantes as folhas de papel e lápis.

As folhas poderão estar já impressas com o quadro ou em branco, para que cada participante o desenhe no momento.

b) A folha será dividida em três colunas. Na primeira, colocam-se períodos de idade de 7 em 7 anos e nas outras duas serão escritos: "meio ambiente social e profissional" em uma e "vida pessoal e privada" na outra (ver gráfico).

c) Comando: "Desenhe na folha um gráfico ou tabela onde irão indicando acontecimentos e sucessos que tenham tido na sua vida".

Explicitar que será necessário que se reflita e vão relembrando a sua vida desde a infância até a atualidade (pode ser feito em ordem reversa) e que os sucessos podem ser em qualquer área da sua vida (escolar, familiar, saúde, profissional, social, esportiva, material, afetiva ou espiritual).

d) Dá-se um tempo para que os participantes elaborem seu gráfico/tabela.

Duas possibilidades para que os participantes continuem:

- O *coach* solicita voluntários que queiram compartilhar sua produção com o grupo.
- Dividi-los em pequenos grupos para então compartilharem.

Fechamento

Em um grupo grande, compartilhar e processar sobre o que foi aprendido.

15. Sucessos e aprendizagens Folha de trabalho[24]		
Idade	Meio Ambiente	Vida Pessoal
0 a 7		
8 a 14		
15 a 21		
22 a 28		
29 a 35		
36 a 42		
43 a 49		
50 a 56		
57 a 63		
64 +		

---

[24] Adaptação de *CD 1.000 Dinâmicas de Grupos*.

16. Em Busca de Metas

Objetivos

- Formular metas pessoais.
- Identificar pontos fortes e fracos.
- Enunciar os compromissos e definir a sequência de ações necessárias para que se alcance tais metas.

Duração

Uma hora.

Materiais

Folhas de papel e lápis para cada participante. Um envelope para cada participante com a folha de trabalho.

Tamanho do grupo

Até 25 participantes.

Lugar

Um salão amplo.

Desenvolvimento

a) O *coach* divide os participantes em subgrupos de 4 ou 5 pessoas. Distribui duas folhas de papel, um lápis e um envelope para cada participante.

b) Indica que escrevam uma lista de 5 pontos fortes (habilidades, conhecimentos, características, valores etc.) que acreditam ter e que os ajudariam a alcançar suas metas pessoais. Solicita aos participantes que depois de escrever sua lista, as compartilhem com as pessoas do seu grupo. Este procedimento será repetido para cada um dos itens.

c) Uma vez terminada a atividade anterior, o *coach* pede agora que escrevam cinco pontos fracos e/ou deficiências possíveis de serem corrigidas, como conhecimentos que ainda não foram adquiridos, livros não lidos, atividades não experimentadas ou habilidades não desenvolvidas.

d) O *coach* dará ênfase à necessidade de se fixar metas e solicitará que se escolha uma ou duas metas da lista anterior para se alcançar.
e) Escrever os possíveis obstáculos que podem impedir o sucesso.
f) Pedirá que façam outra lista de 5 passos para alcançá-lo, apesar dos obstáculos.
g) Cada participante irá mencionando aos seus companheiros os passos e obstáculos que acredita existir para o sucesso de suas metas. Os outros irão dando sugestões de passos a seguir, a ordem deles para início nesse mesmo dia e o que vai alcançar quando o fizer.
h) Como último passo, o *coach* pedirá aos participantes que, de forma individual, escrevam um contrato consigo mesmo.
i) Pede aos participantes que fechem o envelope com seu contrato dentro e lhes indica que pode levá-lo para casa ou trocá-lo com algum companheiro, fazendo um compromisso de compartilhar seus sucessos, o que pode servir como motivador adicional.
j) Os contratos podem ser preparados entre o *coach* e os participantes para ajudá-los a obter metas pessoais.
k) Em uma sessão plenária, os participantes comentam em grupo a vivência.
l) Processamento.

16. Em Busca de Metas
Folha de Trabalho

1. Cinco pontos fortes, habilidades, competências, características, valores que me são particulares:
   ....
   ....

2. Cinco pontos fracos ou áreas de oportunidade:
   ....
   ....

3. Metas (uma ou duas, não mais) que eu gostaria de alcançar em relação ao passo anterior:
   ....
   ....

4. Obstáculos que poderiam dificultar ou impedir o sucesso das metas:
   ....
   ....

5. Passos que considero apropriados para o sucesso das metas:
   ....
   ....

✂————————————————————————
– Para cortar e envelopar –

6. Modelo de contrato e compromisso pessoal
   Vou começar agora mesmo com a seguinte meta pessoal:
   ....
   O primeiro passo será:
   ....
   No dia.......... começarei o seguinte passo para mudar e crescer em direção à minha meta pessoal porque já terei conseguido:
   ....
   Durante os cinco dias seguintes, vou expandir um dos meus pontos fortes:
   ....

Capítulo VI
Atividades para Gerar Contexto
Apresentação e Quebra de Gelo

Em *Coaching, a Arte de Soprar Brasas* (2003, Cap. V), mencionei a importância de gerar contexto para a aprendizagem. Lá, digo que "é o contexto que dá sentido ao texto".

O bom resultado de uma conversa, de um *coaching*, de uma dinâmica dependerá muito do contexto gerado previamente. Muitos exercícios possuem meramente o objetivo de esquentar, seja para uma dinâmica posterior ou para uma tarefa cotidiana, outros trazem um aprendizado que pode ser processado no final. É preciso investir um tempo inicial e se predispor para a ação a partir da ação. Do mesmo modo que para o esporte, onde antes aquecemos os músculos para evitar distensões, não gerar os contextos adequados poderia provocar rupturas pessoais que nos afastariam da obtenção dos resultados desejados.

Bastão do Falar e Escutar

Estudos sobre culturas primitivas nos contam que, semelhante às atuais reuniões executivas, desde os tempos remotos os índios se reuniam para debater e tomar as grandes decisões. Se a analogia é válida, eles o faziam na cabana do "grande chefe" (atual diretor) à qual estavam presentes os chefes das diferentes tribos (atuais gerentes ou chefes) para decidir sobre migrações, declarar a guerra ou firmar a paz, semear e colher, o que fazer frente a uma epidemia, etc.

Sabiamente (quem sabe prevendo a voracidade e as dificuldades de comunicação dos nossos tempos), utilizavam um elemento para organizar as reuniões. A este elemento denominavam o "bastão de falar e escutar". Quem estava com ele fazia uso de seu direito de falar sem interrupções.

Assim, cada pessoa possuía a possibilidade de falar, opinar e compartilhar; e desta forma, respeitosamente, entendiam que em todo grupo ou equipe existem pessoas que têm maior facilidade de se expressar e reivindicar o seu lugar e existem outras pessoas, mais introvertidas, que sentem dificuldade de fazê-lo ou para "brigar" por um espaço para ser escutado. Ou simplesmente têm dificuldade para organizar rapidamente os seus pensamentos e/ou reflexões.

Objetivos

- Fazer relembrar (ter presente) cada ponto de vista sagrado dentro do círculo. Permite que todos os membros apresentem seu ponto de vista.
- Escutar de tal modo a não repetir informações nem fazer perguntas desnecessariamente.
- Honrar ao outro de forma que expresse sua própria visão pessoal, ainda que esta seja diferente da minha.
- Reconhecer e respeitar o valor de cada orador.
- Abrir-nos à possibilidade de ampliar conhecimentos e aprender.
- Oferecer um espaço para aqueles que tenham dificuldades para se expressar.
- Aprender a escutar.

Materiais

Para sua fabricação, utilizava-se madeira de qualquer tipo de árvore.

Cada madeira escolhida possuía um significado (força, verdade, paz, proteção, clareza de visão, cura, etc.) e revelava a magia de seu dono.

As cores denotavam amor, vontade, intuição, sentimento de parentesco com todas as coisas vivas, etc.

Plumas ou peles também adornavam os bastões, com significado. Por exemplo, a águia significava ideais elevados; o pavão, atitudes pacíficas e impedir que a fraude penetrasse no espaço sagrado do conselho; o alce, vigor; a víbora, cura e transmutação de doenças do corpo e do espírito; o búfalo, abundância; o cavalo, conexão com a terra e os espíritos do vento.

Utilização

Nutrindo-nos dessa sabedoria ancestral, adaptamos as ferramentas e a modalidade ao nosso meio e utilizamos algum elemento que simboliza o bastão. Eu utilizo uma pedra, simplesmente porque me agrada e pelo significado da energia que está acumulada nela. Em uma empresa, cliente que fabrica bebidas, é utilizada uma lata de refrigerante; em uma telefônica, um celular; e em uma fábrica de cerâmicas elaboraram suas próprias pedras nesse material.

Quem tem o objeto em seu poder faz uso da palavra, sem ser interrompido, e o passa a quem continua a intervenção.

Esta ferramenta contribui para a geração de contexto para a tarefa, organiza as intervenções, naquelas reuniões onde, no meio de acaloradas discussões, torna-se difícil a escuta ativa e possibilita a intervenção de todos os presentes.

Sem dúvida, seu uso pode parecer estranho. Entretanto, acredito que existem equipes nas quais esta ferramenta já faz parte da cultura.

Novamente sugiro: não comprem... comprovem!

Faz pouco tempo me encontrei com um líder que tinha participado de meus cursos. Ao perguntar-lhe sobre este assunto, ele me disse:

– Ainda não me animei com a minha gerência, mas o implementei em minha casa com minha família. Contei aos meus filhos a história dos índios e muitas vezes, à noite, à mesa do jantar, usamos a pedra para compartilhar nosso dia; minha esposa, que é paisagista, conta de seu trabalho; meu filho, sobre a escolinha de futebol, a menina sobre suas aulas de acrobacia e eu relato coisas que fiz no trabalho. E quer saber? Uma noite, enquanto meu filho fala-

> *va, aproximei-me da minha esposa para dizer-lhe algo ao ouvido. Foi então que Paulinho bateu na mesa com um copo e nos repreendeu, dizendo: "havíamos combinado que quando um falasse os demais deveriam escutar sem interromper". Não apenas chamou nossa atenção como também se transformou em um mestre!*

O núcleo da ideia é que utilizemos o elemento como um meio para a aprendizagem e que algum dia possamos praticar o respeito e a escuta ativa sem a necessidade dele.

A próxima dinâmica permite a utilização do "bastão" para promover a escuta ativa.

17. Registro de Início e Registro de Finalização

É uma dinâmica para se aplicar no início ou no fechamento de reuniões, contribuindo para otimizar sua efetividade.[25]

O processo dessa ferramenta é simples e seus resultados costumam ser muito poderosos. Entretanto, simples não significa fácil, já que requer um investimento de tempo, de gerar ambientes de confiança, compreensão e abertura para que seu resultado seja significativo e não se transforme em uma rotina sem compromisso.

Objetivos

- Estar presente e dispor-se para a tarefa posterior.
- Elicia uma escuta empática e ativa. Convida não apenas a falar, mas a escutar, suspendendo nossos julgamentos automáticos condicionados por nossos modelos mentais, com respeito, sem medo e de coração aberto.

---

[25] Convido os *coaches* e facilitadores a adequarem sua aplicação em outras instâncias. Pessoalmente, utilizo no início da jornada de capacitação. Com o passar dos anos, soube de líderes, *coachees* e alunos que introduziram variantes muito criativas de acordo com suas necessidades ou possibilidades. Um deles, por exemplo, nas segundas-feiras, fazia com sua equipe o registro de início da semana e, nas sextas, o registro de encerramento.

Participantes

Pode ser realizado de maneira individual ou grupal.

Individual: em casa, antes de sair para começar a jornada de trabalho, no escritório ao chegar, em qualquer lugar que cada um escolha. Colocar uma música de fundo pode ser útil mas não é condição necessária.

Grupal/equipe: todos os participantes sentados em círculo, de maneira que possam se ver.

Desenvolvimento

Para fazer este exercício, costumo colocar uma música suave. Também pode ser feito sem música.

Comando

a) Em silêncio. Sentar-se relaxado, com as costas bem apoiadas no encosto, com o cóccix bem alinhado com a conexão entre o assento e o encosto (isso possibilitará se manter ereto sem esforço), as mãos apoiadas uma sobre cada perna ou uma mão sustentada pela outra, ambas sobre a coxa, sem cruzar as pernas nem braços (para que a energia flua), os olhos fechados (como possível) para que o olhar se volte ao interior.

b) Concentrar-se, prestando atenção à inspiração e à expiração ao respirar.

c) Registrar se existe alguma zona de tensão corporal e enviar mentalmente sua respiração a esta zona.

d) Relaxar até "o caminho do meio": nem tão confortável que durma, nem tão incômodo que "esteja presente".

e) "Registrem quais são os pensamentos, sensações e emoções e tomem consciência do que acontece ou tem maior presença em si mesmo. Não se limitem apenas às questões de trabalho... deixem que toda a sua existência, todo o seu ser se faça presente."

A partir daqui, silêncio, apenas a música. São momentos de autorreflexão, para o dar-se conta ou o tomar consciência sobre aspectos que logo serão voluntariamente compartilhados.

Algumas perguntas facilitadoras que o *coaching* pode apresentar, convidando à reflexão ou à introspecção são: como tenho estado?; como me sinto?; qual é o meu propósito ou o que eu gostaria que acontecesse nessa reunião?; por que o que eu quero que aconteça é relevante para mim?; que obstáculos ou situações poderiam impedir minha presença total nesta reunião?

f) Finalizado o tempo estipulado ou a música escolhida, respiramos profundamente, abrimos os olhos e nos reconectamos com o que está fora ou com os demais.

g) Se o exercício foi individual, continuamos com nossas ações cotidianas. Se for em grupo/equipe, um voluntário começa a falar, compartilhando com os demais o que percebeu de si mesmo, seus pensamentos, suas emoções, etc. o que deseje e até onde deseje, sem obrigação. No caso de grupos grandes, esta etapa de compartilhar deve ser realizada subdividindo-se em pequenos grupos. Isso porque o tempo para esta dinâmica deverá ser breve. Se a reunião ou atividade agendada irá durar uma hora, não podemos investir meia hora neste exercício; mas sem dúvida 10 minutos irão contribuir para gerar um contexto mais adequado.

h) O pedido é que quem fale o faça brevemente, e de coração. Isto é, com a maior honestidade e autenticidade possíveis. Se não quiser, ou não puder compartilhar, da mesma forma que possui o direito de falar, possui o direito de passar adiante. Simplesmente dirá "passo", reservando-se o direito de não fazê-lo ou de fazê-lo ao final. Quando o primeiro da roda finaliza, este cede a palavra a quem está à sua direita, e assim continuamente, até chegar novamente ao primeiro, que tomou a palavra. Enquanto alguém faz uso da palavra, os demais não podem ou devem falar, apenas praticar a escuta ativa.[26]

As temáticas compartilhadas refletirão estados corporais, emocionais, pensamentos, preocupações, sensações, etc. Como não é um espaço de resolução de conflitos, nem se espera resposta alguma ao que foi dito, esta ferramenta ajuda a tomar consciência de si mesmo, propicia uma abertura e uma conexão empática intra e interpessoal.

---

[26] É neste momento que sugerimos o uso do bastão, pedra ou elemento de falar e escutar.

É um espaço para falar de você mesmo, não da temática agendada, e isso colabora para reduzir nossas – muitas vezes equivocadas – inferências sobre o outro. Assim poderemos saber que alguém parece distraído ou inquieto, não – segundo nossa referência apressada – porque não se interessa pelo que dizemos ou porque está entediado, mas sim, por exemplo, porque não dormiu a noite inteira preparando o relatório que horas mais tarde deverá apresentar ao CEO da companhia. Ter a possibilidade de compartilhar a sua opinião com a equipe certamente reduzirá sua ansiedade, evitando a necessidade de investir energia em dissimulação, dissolvendo as inferências equivocadas e possibilitando uma presença mais autêntica.

i) Uma variação possível é que o *coach* ou quem coordena a reunião dê a palavra em primeiro lugar à pessoa que está à sua direita, de maneira que ao dar a volta na roda, será ele quem compartilhará as suas reflexões por último. Ou, ao contrário, que seja ele o primeiro a fazê-lo, mostrando um caminho de ação.

j) Ao finalizar o exercício, a reunião ou atividade programada, baseada na agenda estipulada, ou aos efeitos da convocatória pode continuar.

Registro de Encerramento

Esse mesmo procedimento é utilizado para finalizar reuniões ou atividades. Às vezes, não faço registro de início, mas sim de encerramento (ou vice-versa).

Neste caso, seguem-se os mesmos passos assinalados anteriormente, mas o comando do *coach* facilitador solicitará que se registre como se sentem agora ao final, que pensamentos ou sensações gostariam de compartilhar ou simplesmente deixar alguma reflexão sobre o que foi realizado.[27]

Sempre... breve e de coração!

---

[27] F. Kofman (2001) chama esta ferramenta de *check-in* e *check-out*.

18. Quebrando o Gelo

Trata-se de exercícios muito simples mas potentes que sugiro para o início de atividades grupais onde os participantes não se conhecem. Geralmente se percebe uma ambivalência de sensações entre o desejo de aproximação e o medo ou o pudor. Perceber isso e expressar nas ações é legitimar e facilitar o encontro, que por meio do jogo aflora tensões e deixa o grupo predisposto para a atividade.

Participantes

Atividade grupal.

Comando

Toda a(o) equipe/grupo de pé. O facilitador pede que comecem a caminhar pela sala em silêncio, respirando e tomando consciência de sua respiração, assim como de seus pensamentos, sensações e emoções.

A partir daí, existem várias opções para serem feitas separadamente ou combinando várias entre si, a saber:

a) Continuem caminhando mas expressem o que percebem em vocês mesmos; por exemplo, sensação: calor, frio, sono, tensão nas costas; pensamentos: "o que minha família estará fazendo agora?, será que as crianças já acordaram?; emoções: estou animado, estou com vergonha, etc.".

O facilitador vai repetindo o que é dito e convida a todos a fazerem o mesmo.

Também, sabendo que o grupo ainda não está aquecido, e que existem pensamentos que continuam ocultos por trás de temas formais, que serão muito poderosos se pudermos expressar para processá-los, acrescenta coisas que acredita que não são ditas e convida todos a repeti-las. Por exemplo: "e isso que me fazem fazer, para que será?"; "será que vão se virar sem mim no escritório?" (pode-se fazer uma brincadeira sobre isso: e se eles conseguirem se virar sem mim?); "será que isto que estamos fazendo é mais do mesmo?"

Isso irá gerar um valor agregado ao objetivo inicial de quebrar o gelo e se esquentar para a ação: dar nome às questões que são pensadas mas não nomeadas, incorporando também as emoções.

A maneira de desativar os "inomináveis" é exatamente nomeá-los. Seguramente, este procedimento irá diminuir as tensões e começará a gerar um espaço de maior desenvoltura e confiança.

b) Para incluir o domínio do corporal, ao caminhar, o facilitador pede que reconheçam a assinalem apoiando uma mão no lugar de tensão ou incômodo no próprio corpo. Pedimos que se automassageiem nessa região, expressando também sons de dor e/ou alívio. Em seguida, pedimos a todos que se ponham em círculo, olhando para a frente. Perguntamos à pessoa que está adiante onde está o seu incômodo e então ajudamos com uma massagem. Depois, giramos 180º e repetimos o procedimento com a pessoa que está atrás. Além de ir gerando redes de relações, é indubitável que depois de poder tocar o outro, a comunicação fica facilitada.

c) Outra variação pode incluir o corporal enquanto a equipe ou grupo está em movimento. É apontar ao acaso alguma das pessoas e pedir aos demais que copiem suas ações, movimentos e expressões corporais e verbais. Quando essa pessoa quiser, passa a condução (liderança) a outro, e assim esse procedimento continuará a ser repetido com mais algumas pessoas. Não com todas, já que o risco é que muitas vezes, com o objetivo de aquecer para a ação, acabamos provocando um efeito contrário, desaquecendo por demorar demais ou por se tornar muito tedioso.

d) Caminhar de diferentes maneiras: sobre areia quente, pisando em ovos, com vento na direção contrária, com pressa porque chegamos tarde a uma reunião, cansados ao terminar o dia de trabalho, etc. até recuperar o ritmo que cada um sinta em um momento particular.

19. Respirar, Observar e Escutar

O exercício seguinte, além de quebrar o gelo e gerar contexto, é útil porque permite introduzir um tema conceitual: a importância dessas três competências no pessoal e no interpessoal e que geralmente não costumam ser consideradas.

Comando

O *coach* diz:

– Todos caminhando. Observem todo o espaço, objetos, pessoas, detalhes, etc. Quando o facilitador disser: "Stop" ou "Congelem", todos serão convidados a fechar seus olhos (pode-se acrescentar alguma brincadeira sobre como é difícil fazer isso, mas incentivando-os a confiar) e com a mão que preferirem, estendida, assinalar algo, uma pessoa ou um objeto. Por exemplo, onde está o João? Onde está o *flip-chart*? Onde está a planta com flores amarelas? Sempre com o braço estendido, abrir os olhos e averiguar.

Repetir isso algumas vezes, assinalando a importância de ser um bom observador e tomando consciência do quanto não o fazemos. Diferenciar entre olhar e ver.

Depois continuam caminhando e acrescentamos alguma complexidade.

Quando o facilitador disser "um" encontrarão a pessoa mais próxima e apenas se saudarão de maneira formal; quando disser "dois", não se saudarão, mas sim se apresentarão pelo nome; quando disser "três", mencionarão posição/cargo que tenham na empresa ou qual é o seu trabalho, ofício, atividade ou profissão.

Atenção: ao dizer um número, devem fazer apenas o que lhes foi pedido. Por exemplo, se digo "dois", apenas terão que se apresentar com o nome, não se saudarão nem dirão sua ocupação.

O facilitador poderá depois combinar indicações, por exemplo "um e dois", "dois e três" ou as três juntas. Além de promover um clima agradável, é um convite a nos apresentarmos de outra maneira e, sobretudo, de reconhecer quanto falhamos em escutar.[28]

Retomam depois o ritmo normal de caminhada, concentrados na respiração, checando as diferenças que percebem e comparando com o início do exercício.

---

[28] Utilizo estes exercícios também nos grupos de aprendizagem do *coaching*, para desenvolver temas como o do observador e da escuta efetiva.

Recurso final alternativo para o exercício

A opção seguinte me dá resultados extraordinários.

Já caminhando normalmente, cada um em seu ritmo e cadência, indico então que quando eu disser (o facilitador) "já!", a pessoa com quem circunstancialmente se cruzem e a quem cumprimentaram será alguém muito querido e a quem não veem a 10 anos e se alegram em reencontrar. Muitas vezes jogo com isso e lhes digo que, caminhando, pensem que se passaram 10 anos desde a experiência em que guardaram as melhores lembranças. Que todos cresceram e se desenvolveram pessoal e profissionalmente. E que a pessoa com a qual cruzam é um dos companheiros presentes aqui. O contato corporal e a frequente bagunça gerada acabam sendo um excelente potencializador.

20. Agrupamentos Sociométricos

a) Todos de pé. Primeira rodada: um voluntário se apresenta com uma frase de sua escolha, por exemplo "sou administrador de empresas", ou "meu desafio é... (aprender)", ou que expresse alguma particularidade de seu gosto pessoal, como "detesto acordar cedo", ou "eu gosto de cinema" (de animais, de esportes). Todos os que se identificarem com esse voluntário se agrupam próximo ao que apresentou, tocando-se todos no ombro.

Assim, ficam formados dois grupos: os que coincidem em determinada característica e os que não. Em cada subgrupo, todos se tocam nos ombros. A partir daí, a apresentação continuará com outra pessoa, mas do grupo que não se identificou, e assim segue por três ou quatro vezes.

O convite é para que as coisas que sejam ditas sejam cada vez mais comprometidas; por exemplo, quem acredita que somos uma equipe e quem não acredita; quem são os céticos com respeito às possibilidades de mudança e quem não é.

Uma piada interessante que mostra o grau de compromisso: em um certo momento alguém perguntou quem acreditava que eram

> *uma equipe. Os que responderam positivamente foram muitos e, dado que eram um grupo convocado por ter muitos conflitos internos, foi evidente que não tinham respondido com confiança. O segundo participante, muito engenhosamente, disse então: quem mentiu na resposta anterior e quem não... para surpresa de todos, já mais comprometidamente, muitos responderam novamente e mudaram, reagrupando-se.*

Depois de três ou quatro vezes, fazemos uma segunda rodada com aspectos emocionais, relacionados à atividade que os convocou. Por exemplo, "eu gosto de desafios", "eu gosto de sentir adrenalina", "às vezes tenho medo", etc. Repete-se três ou quatro vezes e finalmente passamos a uma terceira rodada, que se refere a competências pessoais para trabalhar em equipe. Por exemplo: "sei negociar", "gosto de aprender", "questiono preconceitos", "sou organizado", "apago incêndios", etc.

b) Todos de pé. O facilitador diz: "os que tenham até 25 anos"; todos os que responderem positivamente se agruparão. Os que tenham entre 26 e 35 se agruparão; mais de 35, e se agruparão.

Continua-se com outras divisões. Por exemplo, os que têm filhos e os que não; aqueles que gostam de esportes de terra, de água e aqueles que não gostam de esportes.

c) Todo o grupo parado em um círculo, olhando-se. Cada integrante se apresentará com o nome e uma qualidade que o diferencie. Por exemplo, inteligente, tímido, sociável, mau-humorado, etc. trata-se de estar atento e praticar a escuta, já que uma vez finalizadas todas as apresentações, e de um em um, deverão se aproximar de alguém de quem lembrem da apresentação e depois de dizer o nome dessa pessoa e a qualidade que mencionou, irão mudar de lugar. Continua-se fazendo isso várias vezes.

Além de gerar uma dinâmica de ação divertida, que prepara para a ação, essas escolhas sociométricas têm o objetivo de apresentar a diversidade como uma janela para o enriquecimento da aprendizagem; a diversidade como uma realidade para se trabalhar em equipe; o respeito ao outro e a si mesmo, etc.

21. Apresentação Pessoal no Início de um Grupo

Esta prática é útil no começo de um grupo ou equipe de trabalho porque facilita a integração e a interação; por exemplo, especificamente no início de uma tarefa ou projeto, quando os integrantes não se conhecem.[29]

Contexto

Costuma acontecer que quando os membros de um grupo que não se conhecem se reúnem pela primeira vez, existe muita ansiedade, inquietude, atração e rejeição, entusiasmo e resistência, muita emocionalidade e, sobretudo, desejo de observar e saber quem são "os outros".

Mas como também há pudor ou vergonha, evita-se o olhar e se observa de canto de olho, tentando "descobrir" sem "descobrir-se". São feitas também muitas inferências.

Objetivos

- Apresentação pessoal de forma lúdica.
- "Jogar" com as inferências, projeções e os modelos mentais.
- Tornar óbvio o "como se".
- Mostrar na prática o modelo de trabalho desejado pelo *coach*.

O propósito desta atividade é justamente facilitar este olhar, compartilhar as inferências e os julgamentos a partir delas, divertindo-se com a intuição, os erros e os acertos.

Serve também para se ter uma ideia de qual é a "primeira impressão" que causamos, evidenciar os preconceitos que costumamos ter e mostrar o modelo de trabalho comprometido de amplitude e confiança, onde o erro é uma oportunidade de aprendizagem.

---

[29] É muito útil também para exemplificar o desenvolvimento de temas teóricos conceituais, como "a escala das inferências"; isto é, como geramos julgamentos automáticos – muitas vezes infundados – baseados em pressupostos ou em nosso sistema de crenças.

Preparação

Reunindo a equipe ou grupo, sentam-se em círculo, de modo que possam se observar uns aos outros.

Comando

O *coach* diz:

– Vou pedir a vocês que, em silêncio, se observem durante alguns instantes. Em lugar de evitar o olhar, observem o outro. Concentrem-se em como é (...), qual sua atitude (...), sua vestimenta, seu aspecto físico (...) tudo o que lhes ocorra. Sem falar (...) imaginem como é essa pessoa (...), o que faz (...), do que vive (...). Com quem vive e como é sua vida (...) tem filhos? (...) de que coisas gosta? (...) o que faz em seu tempo livre? (...) etc. etc. etc.

Ao final de um tempo de observação: "Agora, sim, poderão falar compartilhando o que foi observado. Faremos isso um de cada vez" (aqui o facilitador poderá assinalar arbitrariamente alguém para ser o primeiro ou perguntará quem quer ser o primeiro, sobre o qual se dirá o que foi observado).

Por exemplo, decide-se que X será o primeiro. Então, cada um dos integrantes do grupo irá dizendo o que observou de X e quais são suas crenças sobre ele.

X não poderá falar. Nem afirmar nem negar. Apenas escutar. Será muito importante ter esse primeiro olhar de todos os outros a partir do qual se aprende muito.

Uma vez que todos tenham compartilhado suas impressões e crenças, aí, sim, será a vez de X apresentar-se ratificando e/ou retificando o que foi escutado, incluindo o que quiser na sua própria apresentação. O exercício continua com a mesma dinâmica até que todos tenham se apresentado.

Encerramento

Ao final, realiza-se um compartilhar entre todos e um processamento do exercício.

O *coach* poderá, então, fazer um breve encerramento conceitual.

Nota

Torne-o breve, para não ficar a carga emocional do exercício. Em uma reunião seguinte, pode-se conceitualizar tomando este exercício como ponto de referência.

22. Apresentação por Equipes

Jogo no qual os participantes se apresentam mutuamente.

Objetivos

- É um exercício quebra-gelo e gerador de contexto para a tarefa posterior.
- Relembrar nomes dos que não se conhecem através do jogo e da brincadeira.
- Gerar sentimento de união.
- Aliviar a tensão inicial já que todos têm que falar.
- Aproximação ao se conhecer através de dados pessoais (por exemplo, nome e setor no qual trabalha).

Preparação

Os participantes se subdividem em grupos.

Todos os membros de um grupo param em uma fila olhando para a frente.

Desenvolvimento

Começa-se apresentando o primeiro da fila, dizendo seu nome e acrescentando algo como profissão, estado civil, *hobby*, posição na empresa, etc.

A partir do segundo e os que continuam, até o final na fila, ao mesmo tempo em que repetem a apresentação dos que vieram antes (para isso devem prestar atenção e relembrar) fazem sua autoapresentação.

Se alguém não puder fazer a apresentação correta dos que vieram antes vai para o final da fila e é substituído pela pessoa seguinte.

Se o que se confunde for o último da fila quem o substitui é o primeiro da fila (dessa forma, o primeiro também, que aparentemente tem a tarefa mais fácil, deve continuar atento).

O jogo termina quando todos se apresentam.

Sugerimos não fazê-lo com subgrupos de mais de 7 ou 8 pessoas.

Se forem poucas pessoas, pode-se fazer apenas um grupo.

Serve para se conhecerem.

No caso de ser um grupo grande, com várias equipes, pode-se separar em matéria de competência.

Nesse caso, mede-se o tempo que cada grupo usou na sua apresentação e, ao final, entrega-se o prêmio ao grupo que conseguiu fazê-lo em menor tempo.

23. Redes de Relacionamentos

Objetivos

- Apresentação e/ou aquecimento para a ação.
- Destacar a importância da escuta ativa.

Materiais

Novelo de linha ou lã.

Pode-se fazer também com um almofadão ou uma bola.

Preparação

Todo o grupo de pé, formando um círculo.

Entrega-se o novelo a um participante.

Desenvolvimento

Este participante se apresentará dizendo seu nome e mais alguma coisa que o *coach* facilitador decidirá previamente entre várias opções e de acordo com o grupo participante ou o objetivo da tarefa. Por exemplo, de que país ou região ele é (utilizo frequentemente este recurso em congressos ou cursos internacionais onde existem participantes de diferentes países ou lugares), empresa na qual trabalha (se são de uma mesma companhia, em que área trabalha), cargo ou posição que ocupa e/ou a tarefa que desempenha, estado civil, etc.

Feito isso, segurará a ponta do fio e jogará o novelo a outra pessoa do círculo.

O que recebe o novelo fará sua própria apresentação. Ao finalizar, pega o fio com uma das mãos e arremessa o novelo a outro participante. Essa ação é repetida até que todos tenham se apresentado, ficando entrelaçados em uma rede ou trama.

Uma vez que todos tenham se apresentado, o último a receber o novelo irá recomeçar o exercício ao inverso. Isto é, devolverá o novelo a quem o entregou, mas desta vez já não apresentará a si mesmo, mas sim dará os dados apresentados pelo companheiro. Este fará o mesmo, de tal forma que o novelo fará o trajeto inverso, onde cada um apresenta o companheiro a quem entrega o novelo, até que este seja recebido por aquele que o arremessou inicialmente.

Encerramento

Apesar de ser um exercício de aquecimento, geração de contexto e apresentação, costumo fazer uma breve reflexão sobre as redes de relações que se armam nos grupos e as interconexões sistemáticas que sustentam o conjunto.

Destacar também a importância de se estar atento e praticar a escuta ativa (você se surpreenderá com o quanto não escutamos).

Nota

Se não tiver um fio por escolha do *coach*, este exercício pode ser praticado passando-se um almofadão ou uma bola.

24. Mensagem de Boas-vindas e de Despedida

Objetivos

- Gerar contexto para a ação.
- Facilitar o aquecimento.
- Apresentação de grupos ou equipes.

Materiais

É interessante dispor de papéis, folhas, marcadores coloridos e outros elementos à escolha (por exemplo, tecidos ou roupas para o caso de desejarem usar o vestuário).

Espaço

Salão amplo que permita deslocamentos.

Preparação

O total de participantes é subdividido em grupos.

Se são de diferentes áreas, gerências ou países (no caso de encontros internacionais ou regionais, como congressos ou convenções), a divisão será feita segundo este critério.

Se todos pertencem ao mesmo setor, área, país, empresa, etc. serão divididos em grupos de quantidades iguais de membros, conforme qualquer uma das dinâmicas já apresentadas para a divisão de subgrupos.

Comando

O *coach* diz:

– Vocês terão 20 minutos para escrever e apresentar uma mensagem de boas-vindas e boa sorte aos outros grupos usando sua espontaneidade e criatividade através de meios como mímica, dramatização, música, canto, etc. A única condição é não fazê-lo com a verbalização como único recurso expressivo.

Nota

Este exercício também pode ser utilizado no encerramento de um evento, como forma de despedida.

25. O Círculo

Objetivos

- Aquecimento.
- Interação, integração e comunicação.
- Coordenação de ações.
- Divertimento.

Espaço

Amplo, de acordo com a quantidade de pessoas.

Pode ser realizado em ambiente interno ou ao ar livre.

Preparação

Se o grupo for muito grande, serão criados subgrupos e pode ser dado um caráter competitivo, sendo vencedor o subgrupo que primeiro resolver o problema.

Todos de pé, fazendo um círculo, dando as mãos, e olhando para dentro.

Comando

O *coach* diz:

– Deverão encontrar o modo de ficar em círculo olhando para fora. Limitações: terão que fazê-lo sem soltar as mãos, sem passar por cima dos braços e sem ficar com os braços cruzados ao finalizar. Inicialmente farão sem falar.

Depois de um determinado tempo, o facilitador permitirá a verbalização.

Encerramento

O exercício termina com os comentários finais depois que o grupo encontrou a solução para o desafio proposto.

Solução

Um participante qualquer terá de passar por baixo das mãos de seus companheiros e, a partir daí, todo o grupo deverá acompanhar esse movimento até que passe o último e o círculo fique novamente formado de acordo com o que foi solicitado no comando.

26. CONVERSANDO COM AS COSTAS

São exercícios para se realizar aos pares. Entregar-se e aprofundar a experiência permitirão aprender coisas sobre ambos e sobre o modo de interagir de cada um. Praticar com diferentes pessoas e também com pessoas de diferentes sexos ampliará a gama de descobertas.

Preparação

Reunir-se com outra pessoa, preferencialmente a que menos se conhece.

Sentar-se costas contra costas.

Olhos fechados, em silêncio.

Desenvolvimento

O *coach* diz:

– No início, conectem-se sem movimento. Percebam apenas as sensações físicas e com respeito ao outro.

Ao final de um tempo: "Comecem a se movimentar, a interagir, em um diálogo sem palavras, no qual tentarão se apresentar ao outro. Podem se manter quietos, explorando (escutando) o modo de ser e de se apresentar do seu par no exercício; mas não deixem de se apresentar também. Ao fim de alguns instantes, despeçam-se e separem suas costas permanecendo quietos, em silêncio, absorvendo a experiência e se conectando com o que sentem".

Sentem-se frente à frente. Este é um momento de escuta, intercambiando crenças sobre o outro e compartilhando aprendizagens.

27. Conversando com as Mãos

Preparação

Sentar-se frente à frente com os olhos fechados.

Dar-se as mãos.

Desenvolvimento

O *coach* diz:

– Tomem consciência da respiração, percebam se há incômodo e estejam atentos aos pensamentos. Apresentem-se em um diálogo sem palavras, com o movimento das mãos. Podem incluir os braços e até os ombros. Tentem perceber o que expressam essas mãos; que tipo de pessoa descrevem. Tentem descrever-se também através delas.

Ao final de alguns minutos, muito lentamente, comecem a se despedir e abram os olhos.

Ao finalizar, abram os olhos e dialoguem verbalmente sobre a experiência, compartilhando o que descobriram de vocês mesmos e do outro.

Capítulo VII
Integração e Comunicação

28. Encontrar o Complementar 1

Objetivos

- Organizar uma equipe em pares para alguma tarefa posterior.
- Também para apresentação pessoal, integração, colocação em ação.

Materiais

Cartões com vários ditado divididos. Cada ditado é escrito em dois cartões. Isto é: o início de um ditado é posto em um cartão e o complemento no outro. Por exemplo, um cartão diz: "mais vale um pássaro na mão" e o outro "do que dois voando".

Desenvolvimento

Depois dos cartões divididos se dá o comando de início para que saiam em busca de seu complemento. A experiência será mais rica quanto menos conhecidos ou comuns forem os ditados.

Se o exercício é de apresentação cada par conversará durante cinco minutos.

Ao voltar ao grupo cada um fará a apresentação do outro.

Se o objetivo é separar o grupo em pares para passar para outro exercício em duplas, isto pode ser feito a seguir.

29. Encontrar o Complementar 2

Objetivos

- Organizar uma equipe em pares para uma tarefa posterior.
- Também para apresentação pessoal, integração, colocação em ação.

Materiais

Cartões previamente preparados pelo *coach* ou facilitador com algum papel social, familiar ou profissional e outros com seu complementar de modo que os pares sejam formados.

Exemplos: professor-aluno, *coach-coachee*, pai-filha.

Desenvolvimento

Colocam-se os cartões em um recipiente e, sem olhar, cada participante pega um, lê e guarda sem contar para ninguém.

Feito isso, tentarão encontrar seu complementar através da mímica ou da interpretação de seu papel, sem verbalizar.

Termina quando todos encontrarem seu par.

Variação

Uma variação muito interessante para esse exercício que possibilita o desempenho de papéis é a seguinte:

Uma vez formados, cada par de papéis complementares terão 5 minutos para criar uma cena e dramatizar para o grupo grande.

Pode-se inverter os papéis, se assim preferirem.

A cena deverá ter início, meio e fim.

Comentários finais.

30. Procurando Minha Família

Exercício muito divertido, ágil e gerador de um bom clima.

Objetivos

- Dividir o grupo grande em pequenos grupos e dispô-los para a tarefa através da ação.
- Destacar a importância da comunicação através de qualquer meio.

Materiais

Máscaras ou quaisquer elementos para impedir a ação.

Tiras de papéis com nomes de animais.

Participantes

Grupos ilimitados. Eu já o implementei em congressos para ocasiões de trabalho em plenário.

Deverá haver tantos papéis quanto forem os participantes e tantas famílias de animais quanto forem os grupos que queremos formar. Se forem vinte pessoas serão vinte papéis com nomes de animais.

Se quisermos dividir em quatro grupos de cinco pessoas cada, haverá cinco papéis com o nome CACHORRO, outros cinco com GATO, outros com VACA e outros com GALO.

Desenvolvimento

Cada pessoa pegará um papel de um recipiente (contendo o nome de um animal).

Cada uma lê sem mostrar a ninguém e guarda.

Todos em pé, tapam-se os olhos com as máscaras que foram entregues.

Comando

O *coach* diz:

– Cada um de vocês pertence a uma família. Passeando pelo campo se perderam e se assustaram porque a noite vem chegando e vocês estão sozinhos. Comecem a chamar a sua família no seu idioma. À medida que forem se encontrando, juntem-se e não se separem mais. Devem chamá-los até que consigam reunir todos os integrantes de cada grupo. Comecem agora!

Encerramento

Ao finalizar, quando cada participante encontrar seu subgrupo, o grupo estará dinamizado e organizado para a tarefa seguinte.

31. SOPRANDO BRASAS

É uma excelente prática para ser realizada em grupo, qualquer que seja a dimensão deste, grande ou pequeno.

Lugar

De preferência um salão espaçoso que possibilite um deslocamento cômodo.

O *coach* poderá colocar uma música adequada ou, se preferir, trabalhar sem ela.

Desenvolvimento

O *coach* diz:

– Escolham um lugar e se encostem no chão em uma posição que seja confortável. Em silêncio e com os olhos fechados prestem atenção no seu corpo e concentrem-se na respiração. Percebam como o ar entra e como vocês o exalam. Fiquem assim uns instantes.

"Sintam como o ar entra e tomem consciência de até onde ele chega. Até a garganta?; Até o peito? Imaginem agora que mentalmente podem guiar este oxigênio até onde quiserem. E agora esse ar pode chegar em outras partes do corpo. Durante uns minutos, respirem levando o ar que passa pelo seu nariz e garganta até os braços, as mãos, a ponta dos dedos. Sintam como eles se estendem com a chegada do ar. Depois, façam o mesmo, fazendo o ar chegar à pélvis, depois às pernas e aos dedos dos pés. E finalmente até a cabeça, o couro cabeludo e os cabelos. Percebam o que e como se sentem enquanto recuperam o ritmo normal de respiração."

(Dar tempo para que os participantes recuperem o ritmo de respiração.)

"Imaginem agora que são brasas em uma fogueira que se apagou, mas que, com a respiração, lentamente começa a se insinuar. As brasas vão se convertendo em chamas, ainda pequenas, que desejam crescer. Em que parte do corpo começa esse fogo? Não censurem nada. Deixem ele se expressar. Pode ser a partir das mãos, talvez da cabeça e também do púbis.

Ele se expressa e aumenta, quer crescer; as pequenas chamas crescem, expandem-se para cima e para os lados e se transformam em cor e movimento. Qual é sua cor? Quais os seus movimentos? Façam! Queimem e explorem o espaço ao seu redor, abrindo os olhos, reunindo com outra chama, interagindo com ela, mantendo um diálogo em movimento com outra, movendo-se e interagindo em conjunto com as outras."

Depois de uns instantes, até que cada um vá aquietando seu movimento, ao seu tempo, e o conjunto do grupo permaneça alguns instantes refletindo.

ENCERRAMENTO

Compartilhar processando a experiência e a analogia com o cotidiano de cada um.

32. OBJETOS ESPECIAIS

Sentar-se em pares ou pequenos grupos de 3 ou 4 pessoas.

Escolher um objeto pessoal que tenha algum sentido ou valor especial em sua posse naquele momento. Pode ser algo que tenham posto (por exemplo, gravata, anel) ou algo que está em sua bolsa (por exemplo, agenda, fotos, etc.).

Cada um irá compartilhar por que este objeto é especial e o que representa para si mesmo.

Finalmente, encerra-se com diálogos ou comentários sobre o que foi apresentado ou sentido.

33. Círculos Concêntricos

Objetivos

- Aquecimento para a ação.
- Apresentar-se, conhecimento mútuo.
- Gerar contexto, relações interpessoais.
- Facilitar a abertura de conversas sobre temas que vão além do formal.

Preparação

Dividir o grupo em dois subgrupos com número igual de participantes.

Farão dois círculos concêntricos, uns olhando para dentro e outros para fora, de tal modo que fiquem frente à frente.

Desenvolvimento

a) Frente à indicação do *coaching* facilitador, os círculos começam a girar em sentidos contrários e quando o instrutor disser "stop!" irão parar, ficando cada participante de frente para outra pessoa.

b) Em cada "stop", interagirão com seu interlocutor, durante três minutos sobre um tema que o *coach* irá propor.

c) Decorridos os três minutos, se despedirão e, diante da ordem do *coach*, começarão novamente a girar, até o próximo "stop". O *coach* introduz outro tema para o diálogo, dessa vez com um interlocutor diferente.

d) Isso é repetido cinco ou seis vezes e cada volta tem um tema disparador de diálogo diferente, sempre indicado pelo *coach*.

Temas Sugeridos

- Apresentação pessoal (quem sou, trabalho, família etc.).
- Anedota ou dado curioso.
- Um sonho que eu tive.
- Três valores pessoais fundamentais.
- Três valores para uma equipe.
- Uma noite ideal.
- Estou apaixonado por... porque...

Outros Temas

Estão disponíveis como desafio para a criatividade do leitor.

34. Uma História Cidadã

Objetivos

- Evidenciar a diferença entre observações/fatos/dados e as opiniões ou julgamentos relacionadas com as inferências da nossa subjetividade, muitas vezes errôneas.
- Compreender como essas interpretações condicionam as ações. Mostrar como a confusão entre ambos gera situações de conflito nas comunicações e inter-relações pessoais.
- Comprovar o impacto que os pressupostos têm sobre as decisões e valores individuais e grupais.

Participantes

Preferencialmente grupal, mas também individual.

Materiais

Folhas e canetas ou lápis para cada participante.
Planilha com "chave de respostas" para o *coach*.

Desenvolvimento e Comando

a) O *coach* facilitador lê o seguinte relato sobre o qual os participantes trabalharão depois: "Um homem de negócio acaba de apagar as luzes de uma loja de ferragens quando aparece um homem pedindo dinheiro. O dono abre a caixa registradora. O conteúdo da caixa registradora é tirado e o homem sai correndo. Um agente de polícia vai atrás dele".

b) Uma vez que o relato foi lido, entrega-se a cada participante uma planilha – que será preenchida de forma individual – com declarações sobre o relato. Elas devem ser assinaladas como verdadeiras ou falsas, ou desconhecidas, de acordo com seu critério pessoal. Tempo estimado: 10 minutos (ver planilha).

c) Fazer grupos de cinco pessoas. Cada subgrupo recebe uma planilha sem marcar.

É indicado que terão 20 minutos para compartilhar as planilhas pessoais e, a partir delas, abrir um diálogo com suas respectivas considerações, compartilhando e checando informação para chegar a um consenso e preencher a nova planilha em conjunto com o grupo.

d) Reúne-se o conjunto total de participantes e cada subgrupo apresenta suas conclusões, fundamentando-as.

e) O *coach* facilitador pergunta à audiência, baseado na planilha (chave de respostas). Vai ser observado que as declarações 3 e 11 são falsas, que a 4 e a 6 são verdadeiras e que as restantes são desconhecidas ou duvidosas.

Encerramento

Comentários sobre a experiência e suas relações com fatos da vida cotidiana, pessoal ou profissional.

34. Uma História Cidadã
Conceitos Sobre o Relato

1. Um homem apareceu depois que o dono apagou as luzes do negócio. V F
2. O ladrão era um homem. V F
3. O homem que apareceu não pediu dinheiro. V F
4. O homem que abriu a caixa registradora era o dono. V F
5. O dono da loja tirou o conteúdo da caixa e saiu correndo. V F
6. Alguém abriu uma caixa registradora. V F
7. Depois que o homem que pediu dinheiro tirou o conteúdo da caixa, houve uma correria. V F
8. Um homem de negócios apagou as luzes quando outro homem apareceu na loja. V F
9. Era plena luz do dia quando o segundo homem apareceu. V F
10. O homem que apareceu abriu a caixa registradora. V F
11. Ninguém pediu dinheiro. V F
12. Um homem fugiu do local perseguido por um agente de polícia. V F

Chave de respostas para uso do coach

1. Tem certeza de que o homem de negócio e o dono são a mesma pessoa?
2. Pode-se falar necessariamente em um roubo? O homem que pediu dinheiro não pode ser o proprietário do local, um familiar ou alguém necessitado?
4. O relato diz expressamente isso.
5. Parece pouco provável, mas não necessariamente se exclui essa possibilidade.
6. O relato diz que o dono a abriu.
9. As luzes de muitos negócios permanecem acesas durante o dia.
10. Não seria possível que o homem que apareceu tenha sido o dono?
11. O relato diz que o homem que apareceu pediu dinheiro.
12. Fugiu? Não pode ter se afastado correndo por estar apressado? A polícia poderia ser um segurança contratado? Ou quem sabe simplesmente passava por ali e suspeitou de algo?

Capítulo VIII
Fantasias Guiadas

Se soubermos aproveitar, quaisquer que sejam as circunstâncias, toda viagem é uma oportunidade de aprendizagem.

São exercícios que possibilitam uma experiência profunda para – através das identificações – tomar consciência de aspectos pessoais e emocionais. Indicados também para *coachees* com dificuldade de expressão ou tímidos na sua expressão, para os "monotemáticos", como caminho para explorar outras dimensões etc.

Viagens Imaginárias

Objetivos
- Indagar nosso interior, tomar consciência de si mesmo.
- Descobrir zonas inexploradas.
- Encontrar a sabedoria interior.
- Quebrar resistências quando o diálogo é insuficiente.
- Desestruturar defesas.
- Descobrir e reconhecer emoções assim como temas centrais para cada pessoa.

Participantes

Podem ser realizados individualmente ou em grupo (sem limite de participantes).

Tempo

O *coach* o definirá de acordo com cada exercício.

Desenvolvimento e Comando

Relatar duas viagens em tempo presente, como se estivesse ocorrendo neste preciso instante, solicitando no comando que cada um imagine a si mesmo submergindo nessa experiência. Por exemplo, dizer: "você está caminhando por um bosque..."

Fazê-lo de preferência deitado confortavelmente (se houver risco de alguém adormecer, é preferível fazê-lo sentado) e com os olhos fechados para voltar o olhar para o interior.

Colocar uma música de fundo adequada ao propósito e ao exercício específico que se escolha (cuide para que a música nunca tenha um lugar central ou protagônico porque desviará a atenção. Ela tem que estar a serviço da geração de contexto).

35. Encontro com uma Pessoa Sábia

Comando

A voz do *coach* falando, pausadamente. Se considerar conveniente, pode fazer uma introdução trabalhando com a respiração. Também se pode fazer com música de fundo.

O *coach* diz:

– Imagine-se caminhando, subindo por uma trilha num bosque. É uma noite de lua cheia e isso lhe permite ver o entorno com clareza. Você está tranquilo, não há risco algum. Paz. Olhe ao seu redor. O que vê? (...) Como é o caminho? (...) Você percebe os diferentes aromas? (...); o ruído dos seus passos (...) Como se sente? (...) Um passo à frente se abre um caminho lateral que conduz, como lhe haviam dito, à cabana onde vive uma pessoa[30] muito sábia capaz de responder a qualquer pergunta que você queria fazer a ela. Você segue por este caminho, enquanto vai observando e percebendo o seu entorno.

---
[30] Diga "pessoa" e não homem ou mulher, porque isso possibilita projeções pessoais para se ressignificar mais tarde.

À distância, você percebe um brilho. Não sabe ainda do que se trata, mas, à medida que se aproxima, verá que se trata da luz das chamas de uma pequena fogueira no exterior da cabana. Junto das brasas, você vê a silhueta da pessoa sábia, sentada. Você se aproxima em silêncio e, sem falar ainda, senta-se (...) coloca um pedaço de lenha no fogo e à medida que este brilha com maior intensidade você tem condições de observar com mais clareza. (...) observe esta pessoa; como é o seu rosto? (...) seu olhar (...) suas mãos (...) como são suas roupas?

Você se vê fechando os olhos e meditando sobre aquela pergunta que deseja fazer; pense em algo essencial para você, importante.

Uma vez que tenha a pergunta, observe a pessoa e formule a pergunta prestando muita atenção para ver qual é a reação a ela. Às vezes, a resposta é verbal, outras apenas gestual. Em algumas oportunidades mostra alguma coisa.

Qual é sua atitude? (...) o que responde? (...) O que diz através de suas palavras, gestos ou ações? (...)

O tempo vai passando e antes do amanhecer você terá que partir. Você vai se despedir, mas, no momento em que está para fazê-lo, essa pessoa se vira e, procurando alguma coisa num velho baú de madeira ao seu lado, retira um objeto muito especial para dar a você e para que o traga de volta (...); você o recebe (...); guarda-o (...) O que sente agora em relação a essa pessoa? (...) você diz a essa pessoa o que sente. Logo depois se despede e, dando a volta, começa o retorno trazendo consigo o presente. Você percorre o caminho de volta (...); começa lentamente a amanhecer. Você observa e sente (...) Você já conhece o caminho e pode repetir a visita quantas vezes quiser. Você segue caminhando até que chega ao início do caminho (...).

Sempre com os olhos fechados, observa o presente que recebeu. O que é o presente? Que forma possui? Qual sua consistência? Qual o seu odor? Examine-o: para que serve? (...) você percebe algo a respeito do objeto que não tinha visto antes?

Agora guarde o objeto (...); respire profundamente e, quando desejar, abra os olhos a seu tempo, reconectando-se com este espaço e este lugar.

Encerramento

Processamento.

36. A Casa Abandonada

Comando

A voz do *coach* falando pausadamente. Se for conveniente, pode-se fazer uma introdução trabalhando com a respiração.

O *coach* diz:

– Você está na entrada de um edifício desconhecido. Está tudo na penumbra, mas você está tranquilo. Você não conhece este lugar, mas não sente qualquer temor. Lentamente, o lugar vai se iluminando e você verá um salão amplo, vazio, mas com diferentes portas (...) em cada uma delas há um letreiro com letras pequenas. Se você não se aproximar, não conseguirá ler. Intrigado, você respira e lentamente se aproxima de uma das portas. Olha o letreiro que diz "infância". Você entra (...), fecha a porta atrás de você e busca um lugar onde possa ficar; observe (...) o que você vê? (...) como é esse lugar? (...) que objetos possui? (...) você encontra algo conhecido? (...) Existe mais alguém ali?, alguém aparece? (...) Quem? (...) Você segue observando mais um pouco, prestando atenção à sua emoção. (...) depois de um tempo, você decide se retirar. Você se aproxima da porta, abre, sai, dá uma olhada e fecha a porta. Você se dirige a outra. Quando se aproxima, você lê: "Meu trabalho". Você entra. (...) Você procura um lugar para observar (...). Novamente: o que vê? (...); quem você vê? (...) como se enxerga? (...) etc. etc. etc.

As perguntas disparadoras de imagens, recordações e associações se repetem com ligeiras variações em cada um dos espaços em que se entre.

Nota

Outras sugestões de portas para se investigar: "Minha saúde", "Meu corpo", "Meus amigos", "Meu casamento", "O futuro" (e mais todas aquelas que lhe ocorram e que levem a pessoa, o grupo ou equipe com o qual se está trabalhando a se questionar).

Pessoalmente, trabalho com este exercício entrando em não mais do que três ou quatro portas (uma quantidade maior pode resultar em um exercício cansativo, exigente e desmotivador). Deve-se eleger como a última porta aquela que diz "Eu".

Ao finalizar, solicito uma respiração profunda, abrir os olhos, reconectar-se com o espaço em que estamos e dispor-se a processar o trabalhado.

Encerramento

Compartilhar e processar.

37. A LOJA DE PENHORES

Comando

A voz do *coach* falando, pausadamente. Se for conveniente, pode-se fazer uma introdução trabalhando com a respiração.

O *coach* diz:

– É noite e você caminha por uma cidade desconhecida. Você observa tudo com interesse. Observa as pessoas, os edifícios, as casas, escuta todos os ruídos. O que você vê? (...) O que acontece ao seu redor? (...)

Você chega a uma esquina onde se abre uma pequena rua lateral. Nela não há lugar para o tráfego de veículos e pouca gente ou ninguém anda por ela. Mas algo ali lhe atrai e você começa a caminhar por ela, quando lhe chama a atenção a vitrine de uma velha casa de penhores. Ali há todo tipo de objetos: novos e antigos, pequenos e grandes. Você decide entrar. Quando entra, a campainha ressoa e do interior uma pessoa idosa faz um sinal convidando-o a entrar.

Ao se aproximar, esta pessoa se mostra amável e lhe diz que não foi por acaso que você chegou até ali. Ela lhe diz que toda pessoa que encontra essa rua e chega à sua loja pode escolher algo e levar consigo. Ela lhe explica que nessa loja existe "tudo o que você deseja encontrar". Objetos de todo tipo, forma e tamanho. Ali é possível achar "tudo o que existe no mundo".

Você pode escolher alguma coisa e levar. Mas – isso sim – só poderá levar uma única coisa. Essa coisa não pode ser dinheiro nem poderá ser vendida em troca de dinheiro. Gaste um tempo para percorrer e examinar a loja. Há vários cômodos para percorrer (...) percorra (...) examine (...).

(Deixe passar um tempo)

Já escolheu? O que e como é o objeto? (...) que significado ele tem para você? (...) como se sente? (...) Você já está para se retirar com seu objeto mas quando vai se despedir, a pessoa que lhe atendeu volta a se dirigir a você e diz: "muito bem, pode ficar com essa coisa, mas devo acrescentar uma outra condição. Para levar isso, deverá me dar algo em troca (...) qualquer coisa que tenha com você ou alguma outra que não esteja aqui (...) você tem que me dar algo em troca (...)".

Gaste um tempo para decidir. O que você vai dar a ela? (...) Quando decidir, você pode dar-lhe ou dizer que vai lhe dar. Uma vez dito ou feito isso, você se despede e sai da loja. Você retoma seu caminho pela cidade e quando decidir retorne a este salão trazendo com você o objeto da loja de penhores.

Encerramento

Compartilhar e processar.

38. Estátua em uma Exposição

Esta viagem ou fantasia pode ser realizada em um estado de quietude como imaginação guiada e/ou pode ser realizada incorporando também o corpo na ação.

Como nos outros exercícios, partimos de um estado de repouso, sentados ou deitados.

Comando

A voz do *coach* falando, pausadamente. Se considerarem conveniente, podem fazer uma introdução trabalhando com a respiração.

O *coach* diz:

– Quero que imagine que você está num edifício que bem poderia ser uma sala de exposições, um museu ou uma galeria de artes. Há esculturas. Você sabe que num dos cantos do salão, ainda que esteja na penumbra, existe uma estátua de você mesmo(a). Você vai se aproximando lentamente e, à medida que se aproxima, a luminosidade será mais intensa e permitirá a você ver com mais clareza e definição. Essa estátua expressa de alguma maneira a sua essência. Pode ser feita de qualquer material que desejar: mármore, argila, bronze, pedra, etc. Pode ser uma figura abstrata ou realista, mas sem dúvida é uma representação sua. Você se aproxima e observa (...) Anime-se a observar. O que você vê? (...) Qual é sua forma, atitude, seu gesto? (...) Em que posição está? (...) O que expressa? (...) De que tamanho é? (...)

Caminhe em sua volta e concentre-se para descobrir algo mais; olhe-a para ver o que você descobre; toque-a para ver o que sente (...).

Assim como nos exercícios anteriores, este é o momento em que pode continuar com o exercício apenas na imaginação ou pode continuar incorporando o corpo, a expressão e a ação.

Por exemplo:

Solicitamos ao *coachee* que registre profundamente cada uma das observações que realizou, os gestos, as mãos, a atitude, etc.

Tendo feito isso, pedimos que se transforme nesta estátua.

Pedimos que, sem falar, abra os olhos, se incorpore e adote a forma corporal, a postura da estátua. Que seja o mais detalhista possível.

O *coach* diz:

– Agora você será a figura. Como você é? (...) Como se sente sendo essa estátua? Descreva a você mesmo como estátua (por exemplo, "Eu sou..."). O que ela representa? (...) O que dizem as pessoas que lhe observam? (...); o que significa o seu gesto? (ponha palavras na estátua).[31]

Finalmente, pouco a pouco, deixará o corpo da estátua (...); voltará ao seu corpo, respirando profundamente e adotando a posição que queria, dispondo-se a compartilhar e processar a vivência.

39. A BUSCA

Participantes

Pode ser realizado de forma individual ou em grupo.

---

[31] Se este exercício for feito em grupo, uma variação possível é solicitar aos participantes que comecem a interagir entre eles a partir do papel; ou seja, a partir do personagem da estátua que os representa.

Preparação

Como nos outros exercícios, partimos de um estado de repouso, sentados ou deitados.

Comando

A voz do *coach* falando, pausadamente. Se considerarem conveniente, pode-se fazer uma introdução trabalhando com a respiração.

O *coach* diz:

– Quero que se imagine buscando algo muito importante para você. Talvez você já tenha uma ideia do que busca mas pode ser que ainda não tenha clareza. Concentre-se: onde você está? (...) Como é este lugar? (...) Como está procurando? (...) preste atenção agora em como se sente e no que acontece (...); continue a busca (...); ainda não achou o que procurava (...); aparecem obstáculos na sua busca? (...) quais são eles? Como são esses obstáculos? (...); repare agora em como você enfrenta esses obstáculos: qual sua atitude diante deles? (...); você tenta alternativas? (...).

Já tem mais clareza a respeito do que busca? (...); descobriu algo mais sobre aquilo que buscava? (...)

Poderia acontecer que, em sua busca, você descobrisse que é outra coisa que procura; que aquilo que buscava a princípio deu lugar a algo que acaba sendo mais importante ainda para você. (...) Se for assim: o que busca agora? (...) tente responder: qual a importância que isso tem para você? (...); o que se produziria em você e o que você conseguiria se encontrasse o que busca? (...)

Qualquer que seja a situação – se achou ou não o que buscava – concentre-se em se pode descobrir algo mais sobre isso e, a seu tempo, respire profundamente (...); abra os olhos (...); permaneça tranquilo por uns instantes (...)

Encerramento

Compartilhar e processar.

40. Resposta Pessoal Frente a um Conflito

Objetivos

- Tomar consciência de atitudes pessoais frente a situações de conflito.
- Examinar estratégias para dar novas respostas mais efetivas frente a determinadas circunstâncias e com maior efetividade.
- Exercitar o processamento da "coluna da esquerda".

Participantes

Individual ou em grupo.

Comando e Desenvolvimento

O *coach* diz:

– Convido vocês a buscar uma posição cômoda e relaxada (...); podem ficar sentados ou deitados no chão (...); fechem os olhos (...); respirem tranquilamente tomando consciência da respiração (...); durante uns minutos, vou guá-los em um exercício para examinar suas atitudes diante de determinadas circunstâncias (...); não há respostas boas ou más, e por isso peço que sejam muito fiéis como observadores de vocês mesmos (...). Deixem que a cena ocorra espontaneamente (...); imaginem-se caminhando por alguma rua da cidade (...); vejam como é esse lugar (...); que momento do dia é esse (...). Como se sentem (...). A uma certa distância, observam que se aproxima uma pessoa que lhes é familiar (...) é uma pessoa com quem estão em conflito (...).

Rapidamente, devem dizer como enfrentar essa pessoa e essa situação. Ela ainda está distante, mas à medida que se aproxima, em sua mente aparece uma série de alternativas (...). Decidam agora mesmo o que fazer e o que acreditam que vai acontecer (...). (Aqui, deve-se aguardar e dar mais tempo, em silêncio) (...). Ao retomar, digam: a pessoa passou (...); percebam o que se passou com vocês (...). Como se sentem? (...). Respirem (...) e, cada um a seu tempo, abram os olhos e retomem sua posição normal. Em silêncio.

Agora vou pedir que cada um pegue uma folha e responda por escrito às seguintes perguntas:
- Em que alternativas pensou?
- Que alternativa escolheu?
- Qual é o grau de satisfação/insatisfação que está sentindo?
- Em que outras circunstâncias você responde da mesma forma?
- Qual é o obstáculo para responder de uma maneira mais efetiva?
- Se esta situação ocorresse novamente, o que faria de diferente?

Reúnam-se em grupos de três e compartilhem suas observações (10 minutos).

Reunidos no grupo completo, abre-se um espaço para compartilhar e processar o exercício.

Considerações

Os conflitos são parte da vida cotidiana de cada um de nós. O que vai nos distinguindo como pessoa, casal, família, grupo ou equipe não é a ausência de conflitos, mas a maneira diferente de enfrentá-los ou resolvê-los.

As respostas ou estratégias mais comuns que observei como resultado deste exercício se resumem em três: evitar, postergar, confrontar.

Em nenhuma delas estado posterior ao fato costuma ser de satisfação. Mas, além de existir um resultado de insatisfação, culpa, raiva, angústia, ressentimento, existem também dúvidas e medo com respeito ao futuro.

Sem dúvida, as melhores alternativas deverão considerar a natureza do conflito, a escuta efetiva, levar em conta o ponto de vista do outro, a humildade e o respeito ao outro como outro legítimo.

Para isso, é essencial o aprendizado de ferramentas conversacionais para a ação efetiva.

Capítulo IX
Práticas Corporais.
Corpo-Ação-Emoção

Que imagem temos do nosso próprio corpo? Como cada um de nós se observa e se vê? O que conhecemos e sabemos sobre o nosso corpo? Será que o conhecemos realmente ou temos apenas imagens que construímos, alimentadas por julgamentos positivos ou negativos? O quanto condiciona ou é condicionado o nosso corpo diante de situações sociais de todo tipo?

As práticas a seguir são exercícios de comunicação corporal e visual, não verbal.

41. Escultura 1

Objetivos

- Corporificar e concretizar em uma figura o modo de observar a si mesmo de um sujeito. Seu modo de estar no mundo, sua corporalidade, sua emocionalidade.

Preparação

Estando os dois de pé.

Nota

Lembrem-se sempre disto: para passar para a ação quando vão trabalhar algum tema corporal, psicodramático, *role playing*, etc. o *coach/*

facilitador deverá parar, convidando o *coachee* a fazer o mesmo e dar os comandos de pé. A seguir, o *coachee* escolherá se fará a figura de pé, deitada, sentada...

Comando

O *coach* diz:

– Imagine que você é um escultor e tem que modelar uma escultura de você mesmo neste momento de sua existência. Qual seria a forma que ela teria? Não o faça imediatamente a menos que já tenha decidido. Gaste alguns minutos para buscar aquela imagem que considere ser a que melhor lhe representa. Como se alguém entrasse em um museu e ao ver essa escultura pudesse reconhecer-lhe dizendo: "Este é X!"

Outras perguntas para acompanhar ou vencer as resistências de fazê-lo:

- Se tiver mãos: como são?; o que expressam?
- O que diz o seu rosto?; e a sua boca?; como é o seu olhar?
- Como estão suas pernas?
- De que material é feita?

Uma vez que o *coachee* tenha feito, pedimos que fique nessa posição e que faça um solilóquio.

Isto é, dizer como se sente a partir daquele lugar, sendo aquele personagem que construiu.

A partir daí, há várias opções:

- Seguir um diálogo com a escultura, indagando e descobrindo. Por exemplo, por que é feita desse material e não de outro? Há quanto tempo possui este gesto? Etc.
- Fazer uma entrevista (como se o *coach* fosse um jornalista).
- Fazer uma inversão de papéis.

O *coach* assume uma posição e uma expressão exatamente iguais às que o *coachee* construiu e este assume o papel do observador. Parado frente à escultura, fará também um solilóquio: Que sinto diante desta estátua? O que ela me provoca? O que vejo e do que me dou conta?

Por último – qualquer que seja a opção de trabalho escolhida – pedimos que o *coachee* feche os olhos, respire profundamente e que com o tempo necessário vá deixando esse papel e volte a seu ser e a seu lugar.

Feito isso, faremos um breve diálogo e processamento do que foi realizado, resgatando o que aprendemos.

42. Escultura 2

Comando e Desenvolvimento

Se estamos trabalhando com um grupo/equipe pedimos a eles:

– Escolham alguém para trabalhar em dupla, coloquem-se frente à frente, em silêncio. Um será o escultor e o outro se deixará modelar.

Ao finalizar o trabalho de um e com a indicação do *coach*/facilitador, se inverterão os papéis.

Cada um em sua vez, como observador e escultor, olhará o companheiro, dando-se conta ou descobrindo nele a sua postura, seus gestos etc. Como se fosse de cera, tocando-lhe, moldará o companheiro, exagerando cada um dos aspectos observados. Trata-se de maximizar os detalhes observados. Por exemplo, se tem os punhos cerrados, imprimirá a esses punhos um fechamento mais flagrante; se possui os ombros caídos, exagera-se essa queda. A escultura deve se deixar moldar, sem oposição, tomando consciência das mudanças e percebendo como se sente. Uma vez que o escultor sinta que terminou, satisfeito com sua obra, ele avisará à estátua. O escultor pedirá a sua escultura que faça um solilóquio a partir dessa nova forma (exagerada) que lhe foi dada.

Encerramento

Ao finalizar, reúne-se o grupo inteiro para compartilhar e processar em conjunto as aprendizagens.

Variantes

O escultor como escultura.

O escultor assumirá com seu próprio corpo as mesmas forma e postura que sua obra. Quem era a escultura ficará de frente para a escultura (agora reproduzida pelo escultor) e diante dela dirá o que sente, e do que se dá conta ou toma maior consciência.

Para terminar, ambos dialogam brevemente sobre o que foi realizado e como se sentiram, cada um com seu papel.

Feito isso, e diante da indicação do *coach*/facilitador, invertem-se os papéis e repetem-se os passos do exercício realizado.

43. O Desejado e o Temido

No comando, o *coach* solicitará que o *coachee* faça a escultura desejada de si mesmo; isto é, como desejaria se observar e ser visto pelos outros.

A seguir, pede que faça a escultura temida de si mesmo, isto é, como não gostaria de se ver ou ser visto pelos outros.

Se a prática for feita em *coaching* bipessoal, será o *coach* quem atuará como seu auxiliar.

Se for grupal, o trabalho será feito em duplas, invertendo-se os papéis.

44. Corporificando Relações Interpessoais

É uma modalidade muito prática para investigar relações e redes de vínculos.

Muito recomendável com *coachees* que tenham dificuldade de se expressar ou que utilizem a narrativa defensivamente.

Trata-se de concretizar em uma figura o modo pelo qual sentem, creem ou percebem que se dá a relação com o outro. Por exemplo, se a temática se centrar na relação com seu chefe ou superior, o *coach* solicitará que faça uma figura na qual esteja expresso aquele tipo ou estilo de vínculo.

> *Lembro que senti muita tristeza diante de uma figura na qual o chefe foi simbolizado como um caçador que triunfantemente punha o pé por cima de sua presa.*

Este tipo de exercício não tem um objetivo catártico, mas é disparador de conversas posteriores na mesma sessão de *coaching*, indagando e propondo possibilidades de ação.

45. O Cenário

Este é um exercício simples e poderoso que utilizo com frequência nos cursos de formação psicodramática.

Objetivos

- Treinamento no manejo corporal.
- Explorar a riqueza comunicacional que têm o corporal e o gestual.
- Explorar as ansiedades que se mobilizam na linguagem e na expressão corporal.

Participantes

Preferencialmente grupal. Ainda que não seja impossível aplicá-lo na forma bipessoal, ele se torna muito mais rico diante da diversidade e da multiplicidade de observações.

Lugar

Qualquer sala onde serão assinalados dois espaços imaginários: um será o espaço do público e o outro será o cenário. Para se subir ao cenário existe uma escada imaginária de cinco degraus do lado esquerdo e para descer há outra escada na margem direita.

Comando

O *coach* diz:

– Cada um de vocês deverá subir até o cenário e, em silêncio, andar até o centro percebendo seu corpo em movimento; ali se deterão e observarão o público por uns instantes; a seguir, continuarão caminhando e descerão. Eu peço que o façam com o estilo pessoal e no tempo de cada um.

Para o caso de uma situação bipessoal, o comando se adapta ao singular.

Encerramento

Uma vez que todos tenham realizado a passagem, reúne-se o grupo para compartilhar e processar.

Os disparadores serão, por exemplo:

O que senti; do que me dei conta sobre o meu corpo e sobre minha pessoa; o que senti sendo observador dos outros; que sensações do dia a dia pude ver refletidas no que foi realizado, etc.

Fundamentalmente: o que aprendi?

Nota

Apesar de sua simplicidade, este é um exercício que mobiliza ansiedades.

46. OLHAR E SER OLHADO

Quantas vezes observamos o corpo do outro e nos surge alguma interpretação? Quantas vezes perdemos a oportunidade de nos darmos conta do outro por não observar sua linguagem ou comunicação corporal? Somos conscientes das diferentes posições e expressões de nosso corpo?

Objetivo

- Tomar consciência de nossas múltiplas posições corporais, das interpretações que fazemos delas e das emoções que sentimos diante delas.

Participantes

Grupal (no mínimo em dupla).

Materiais

Elementos para escrever.

Lugar

Sala ampla e cômoda para a quantidade de participantes.

Desenvolvimento

a) Com qualquer dinâmica escolhida, dividir o grupo em duplas.

b) Um deles se sentará e o outro ficará de pé. O que estiver sentado será o observador e o que está de pé será o observado.

c) Durante três minutos, as pessoas sentadas observarão, descreverão e interpretarão a posição corporal do companheiro, procurando ser objetivas e anotando tudo o que for observado no aqui-e-agora daquele momento.

d) Inversão de papéis. O observador passa a ser observado, e vice-versa. Outros três minutos.

e) Cada dupla toma um lugar no salão para compartilhar as observações e anotações. Tempo de 15 minutos.

Possíveis Disparadores

- Diferença de posições de alguém ou dos dois.
- Tomar consciência da tendência a interpretar os sinais corporais.
- Tomar consciência do desconhecimento de certos sinais do corpo.
- Tomar consciência da negação de nosso corpo.
- Prazer/desprazer em observar/ser observado.
- Ansiedade e temores.

Encerramento

Processamento grupal.

47. O Hipnotizador

Nossos movimentos cotidianos terminam por mecanizar nossos corpos. Geralmente os negamos e na maioria das vezes não escutamos sua linguagem.

Objetivos

- Observar, escutar e tomar consciência da linguagem corporal.
- Desmecanizar nossos movimentos.

Participantes

Bipessoal ou grupal. Realiza-se entre duas pessoas.

Comando

a) Parados frente à frente. Sem falar, observando-se. Um será o hipnotizador e o outro o hipnotizado.

b) O hipnotizador porá a mão próxima do rosto do hipnotizado; este deverá manter seu rosto sempre à mesma distância da mão do hipnotizador, que fará movimentos com a mão: retos, circulares, para baixo, para cima, para os lados, fazendo o hipnotizado executar com seu corpo todos os movimentos possíveis mantendo a mesma distância entre rosto e mão.

Sugiro fazer movimentos suaves, lentos, que possam ser seguidos pelo companheiro, tratando de fazer desenhos não muito comuns. Isso possibilitará tomar maior consciência do corpo e ativar estruturas musculares esquecidas ou pouco conscientizadas.

c) Após alguns minutos, invertem-se os papéis.

Variação 1

Finalizado o exercício anterior, ambos estendem uma das mãos e, obedecendo-se mutuamente, hipnotizam um ao outro.

Variação 2

Hipnose em trios. Trata-se do mesmo exercício, mas neste caso o hipnotizador usará suas duas mãos dirigindo dois companheiros, cada um com uma delas. Este exercício envolve também o hipnotizador, que deverá coordenar suas ações sem parar o movimento simultâneo de suas mãos. Desta forma, sempre com suavidade, sem que se toquem ou se apoiem uns nos outros, poderá, por exemplo, cruzar as mãos para que passem um por cima do outro.

O papel do hipnotizador roda entre os três participantes do exercício.

Variação 3

Como na variante 1, aqui os três estendem sua mão direita e, obedecendo à mão direita do companheiro que está à sua esquerda, hipnotizam-se simultaneamente uns aos outros.

48. Construindo um Afresco

Objetivos

- Exercitar a espontaneidade e a criatividade através de improvisação a partir do corporal.
- Dialogar sobre o observador e os modelos mentais.

Participantes

Grupal.

Desenvolvimento

Ir construindo uma imagem (ao estilo de um afresco egípcio) a partir do movimento de um protagonista. Para isso, um voluntário iniciará com um movimento e ficará estático em uma posição.

A partir daí, um segundo participante fará um movimento que complemente o anterior e se soma à construção da imagem. O mesmo vão fazendo os demais membros da equipe ou grupo até que todos estejam incorporados na imagem.

Um de cada vez, poderão sair de sua posição para serem observadores da figura geral e, a partir do lugar do observador, compartilhar o que veem e sentem. Depois de fazê-lo, retomam seu lugar, possibilitando que outros façam a mesma experiência de ser observados.

Encerramento

Compartilhar e processamento grupal.

Variação[32]

Como no exercício anterior, uma pessoa começa o movimento. A diferença nesta variação é que esta pessoa se transformará no protagonista e os demais serão coprotagonistas ou eus auxiliares de sua ação, completando seus movimentos. Para isso devem estar atentos e ser observadores muito bons, para complementar espontaneamente suas ações.

O personagem central deverá mover-se lentamente, permitindo assim que os demais possam interpretar suas intenções. Por exemplo, o protagonista levanta um pé e algum dos auxiliares porá suas mãos, ou um dos joelhos por baixo, para que o protagonista possa subir. Este fará o que quiser e/ou o que o seu corpo exigir. Os demais o ajudarão dessa forma a escalar, rodar, esticar-se, etc., sem manipulá-lo: é ele quem decide sobre os seus movimentos.

Sim, é responsabilidade do grupo cuidar do protagonista para que ele não se machuque ou se fira.

O exercício termina quando o protagonista regressar suavemente ao chão.

Se o grupo for numeroso, poderá ser trabalhado em dois ou mais grupos simultaneamente e os protagonistas poderão trocar de grupo.

---

[32] Este exercício, como outros deste capítulo, são adaptações de Augusto Boal (1998).

49. Corrida Lenta

Objetivos

- Conscientizar o corpo.
- Destravar sua linguagem mecanizada.

Comando

Dispostos na linha de largada e diante da indicação de "comecem!", os participantes deverão se mover sempre para a frente, o mais lentamente possível. Não poderão de modo algum interromper seus movimentos nem ter os dois pés apoiados no chão ao mesmo tempo; um deles sempre estará suspenso. Farão isso até chegarem ao lugar assinalado como a meta.

Para vencer, é preciso chegar por último.

Variação

O mesmo exercício, mas caminhando como caranguejos, sempre de costas, sem interromper seus movimentos e apoiando mão e pé esquerdos ou mão e pé direitos alternadamente.

Se for muito difícil, pode ser considerado como vencedor aquele que chegar primeiro.

50. Congelados

Objetivos

- Integração.
- Distensão.
- Gerar contexto a partir do corporal.

Desenvolvimento

Uma pessoa será o perseguidor e os demais os perseguidos. Poderão caminhar rapidamente, mas não correr. Quando alguém for tocado pelo perseguidor, será congelado sem se mover e com as pernas abertas. Prossegue-se assim até que todo o grupo tenha sido congelado. Aqueles que estiverem congelados poderão ser libertados se algum companheiro em movimento passar por entre suas pernas.

Se o grupo for numeroso, pode-se escolher dois ou mais perseguidores.

51. Corpo a Corpo

Objetivos

- Integração.
- Distensão.
- Gerar contexto a partir do corporal.

Participantes

Trabalho grupal ou em duplas.

Desenvolvimento

Cada dupla deverá tocar-se de acordo com as indicações do *coach*-facilitador. Isto poderá ser feito na posição que escolher (de pé, deitados, sentados, ajoelhados, etc.). Por exemplo, nariz com nariz, orelha direita de um com o cotovelo do outro, joelho com umbigo. Ao fim de alguns minutos, com a indicação de mudança, todos – incluindo o *coach*-facilitador – deverão buscar uma nova dupla. Aquele que ficar sem dupla será o novo guia para as indicações.

52. Ativando os Sentidos

Nosso corpo tem ritmos aos quais geralmente não prestamos a devida atenção. São ritmos personalizados, individuais. Alguns são parte de nossa biologia (pulmonar, sanguíneo, cardíaco, etc.). Outros têm a ver com nossa atividade cotidiana, e também com a cultura: formas de caminhar, falar, comer...

Nem sempre escutamos tudo o que ouvimos. Nem sempre vemos tudo o que observamos.

Muitas vezes a visão monopoliza a atenção sobre o mundo exterior, em detrimento dos outros sentidos, que ficam desprezados e não aproveitados.

Os exercícios a seguir são práticas corporais que incluem sons, gestos, ritmos, ver e escutar. São dinâmicas para conscientizar e compartilhar.

53. Círculo de Ritmos

Desenvolvimento

Os participantes se dispõem em uma roda, olhando para o centro. Um voluntário realiza um movimento qualquer que não seja habitual, agregando um som. O movimento e o som serão realizados com um ritmo inventado pelo voluntário.

Os demais observarão, tentando segui-lo o mais sincronizadamente possível. Ao fim de alguns minutos, o primeiro participante passará a liderança a outro e este deverá então fazer outros movimento, som e ritmo que o grupo tentará reproduzir em tudo o que sejam capazes de ver e escutar.

O exercício continua passando-se a condução para outro participante.

Trata-se de desfazer nossos mecanicismos não apenas imitando o outro mas também compartilhando, percebendo e sentindo o outro. Trata-se de reproduzir o externo para escutar, observar e perceber empaticamente o outro.

54. A Batida do Coração

Desenvolvimento

Cada participante vai circulando livremente pelo salão. Respeitando seu tempo e seu sentir, cada um começa individualmente a colocar som e ritmo à batida do seu coração. A uma indicação do *coach*-facilitador se juntarão em duplas escutando as batidas e se unificarão em um só ritmo e som. Feito isso, se juntarão a outra dupla, constituindo um grupo de quatro.

Finalmente, diante de outra indicação do *coach*, todos os participantes se unificarão na batida do coração grupal com som, ritmo e movimento.

55. Observação e Propósito

Lugar

Um salão amplo, onde os participantes possam circular.

Materiais

Se possível, uma máscara ou venda de olhos para cada participante.

Desenvolvimento

Os participantes caminham pelo salão. Observam e registram os detalhes sem falar. Em determinado momento, o *coach*-facilitador solicita que fixem o olhar em um ponto distante da sala: a porta, uma luminária, um quadro, etc. Ele lhes pede que fechem os olhos – ou, preferencialmente, que coloquem as vendas – e que tentem caminhar até o ponto observado. Se no trajeto se chocarem com alguém, deverão se reorientar sem olhar, para chegar ao objetivo. Uma vez que acreditem ter chegado ou diante da autorização do *coach*, abrirão os olhos e poderão checar seu sucesso.

Repete-se a mesma dinâmica duas ou três vezes.

56. Polo Positivo/Polo Negativo

Objetivos

- Perceber o mundo exterior com outros sentidos que não sejam a visão.

Comando

O *coach* diz:

– O grupo caminhará pela sala com os olhos fechados ou cobertos. Fará isso de forma pausada, de braços cruzados e com as mãos nos cotovelos para que os participantes não se machuquem em caso de uma colisão. Comecem agora, sem falar e prestando atenção ao resto do comando...

Depois de uns minutos: "Neste momento, no caso de colidir com outra pessoa, deverão se separar imediatamente como se fossem polos magnéticos que se repelem. Caminhem tratando de evitar uns aos outros, sem esticar os braços ou as mãos."

Depois de mais alguns minutos: "Agora a polaridade se inverteu. As pessoas que se tocarem ficarão grudadas com a parte do corpo que foi tocada e não poderão deixar de se mover".

O facilitador poderá mudar novamente a polaridade. Sugiro que o faça não mais do que uma vez. Não abuse desta mudança. O objetivo é que as pessoas possam mudar de posição se estiverem incomodadas.

Passados alguns minutos, lhes dirá: "Parem onde estão, lentamente, – ainda sem olhar – separem-se e baixem os braços. Somente com as mãos tentem encontrar o rosto de outro companheiro. Uma vez em duplas, tocarão esse rosto percebendo-o através do tato até em seus menores detalhes. Só poderão tocar o rosto e a cabeça".

Depois de mais alguns minutos: "Agora abram os olhos, observem a concordância ou não da imagem construída e da real. Compartilhem a experiência com o companheiro".

Encerramento

Processamento grupal, de preferência breve, para não diluir com racionalizações as sensações obtidas.

57. BLOQUEIO EMOCIONAL

Este é um exercício muito poderoso para indagar sobre a história emocional de cada um.

Foi projetado para investigar algumas emoções que desejamos sentir ou expressar em maior medida, em qualquer âmbito de nossas vidas mas que, por alguma razão, estão bloqueadas ou com dificuldade de serem expressas. Manifestam-se como uma ambivalência entre uma parte de nós que quer sentir e expressar e outra que se opõe.

O exercício aponta para a investigação desta parte que se opõe, que chamaremos de bloqueador.

É preciso gerar um contexto muito adequado de confiança, aceitação, respeito e confidencialidade e também é exigido o conhecimento de algumas técnicas dramáticas ou de ação como solilóquio e inversão de papéis.

Participantes

Bipessoal: *coach* e *coachee*.

Grupal: preferencialmente realizado em trios.

Tempo

Bipessoal: o quanto for necessário.

Grupal: 15 minutos com cada protagonista e 5 minutos de processamento final com cada um.

Bipessoal

a) Gerar contexto.

b) O *coach* convida o *coachee* a pensar qual é a emoção que sente mais bloqueada ou com maior dificuldade de expressar (nojo, alegria, etc.) ou aquela que é mais difícil de conectar ou que gostaria de poder expressar em maior medida. Pode ser que esta emoção tenha sido mencionada durante a conversa; então, a proposta será trabalhar sobre ela.

c) Esculpir a emoção e dar-lhe um roteiro.

O *coach* (C) solicita ao *coachee* (Ce) que expresse com seu corpo esta emoção bloqueada em forma de escultura. Isto é, que molde seu próprio corpo em uma escultura que seja a expressão dessa emoção específica. É possível esclarecer, por exemplo: "Se esta emoção tivesse forma corporal, que aspecto adotaria?" (e pedimos que adote concretamente esta forma). Ato contínuo, C solicita a Ce (agora uma escultura) que acrescente texto ou roteiro; isto é: "O que a escultura diz ou expressa?" (por exemplo, "lhe odeio, vou lhe matar" ou "estou muito contente, quero compartilhar minha alegria").

d) Esculpir o bloqueador de emoções e dar-lhe um roteiro.

C toma o lugar da figura produzida com a mesma expressão e solicita a Ce que assuma corporalmente a forma "daquilo" que funciona como bloqueador dessa emoção, aquilo que não permite sua expressão; e, além disso, que acrescente um roteiro ou texto igual ao que fez anteriormente com a escultura.

> *Em uma dada oportunidade, trabalhando com este exercício, um coachee apresentou a felicidade ou a alegria como sua emoção mais bloqueada. Como bloqueador, diante da escultura da alegria, fez a escultura de alguém que, com os braços estendidos às suas costas, impedia a passagem do outro (como um jogador de basquete diante do adversário) e o roteiro que acrescentou foi: "Você tem que se comportar seriamente, não faça papel ridículo".*

e) Entrevista com o bloqueador.

Fica assim armada uma escultura de duas pessoas, cada uma seguindo seu roteiro. C pede que ambos fiquem em silêncio, põe uma cadeira ou almofadão em seu lugar e, postado às suas costas, começa a entrevistar o bloqueador (Ce).

Por meio de perguntas facilitadoras, convida o bloqueador a refletir e tomar consciência:

- Que papel desempenha na vida de ... (nome do protagonista)?
- Desde quando (tempo do evento-chave) está com ele(a)?
- O que aconteceria com ... se você não estivesse ali?
- Que perigo enxerga na expressão da emoção?

- Que benefícios causa a ... o fato dessa emoção estar bloqueada?
- Quais são as consequências negativas ou prejuízos trazidos a ... pelo fato de ter esta emoção bloqueada?
- Que segurança, promessa e apoio são necessários para permitir ou deixar que ... se conecte mais com sua emoção?
- Que ações vê como possíveis para que ... comece a se conectar com esta emoção?

Encerramento

Compartilhar e processar.

Grupal

Consideremos três pessoas, A, B e C.

Se é apenas um deles quem está indagando a si mesmo, os demais serão seus auxiliares.

Se todos quiserem investigar a si mesmos, deverão rodar seus papéis.

Por exemplo, que sejam A = protagonista; B = auxiliar 1, bloqueador de emoções; C = *coach* ou facilitador ou auxiliar 2.

a) Gerar contexto adequado (lugar, tempo disponível, permissões, etc.).

b) C passará a conduzir o exercício solicitando a A que pense em qual é a emoção que sente mais bloqueada ou com maior dificuldade de expressar (nojo, alegria, etc.) ou com a qual é mais difícil se conectar ou que gostaria de poder expressar em maior medida.

c) Esculpir a emoção e dar-lhe um roteiro. C solicita ao *coachee* (A) que expresse com seu corpo esta emoção bloqueada em forma de escultura. Isto é, que molde com seu próprio corpo uma escultura que seja a expressão desta emoção específica. Pode-se esclarecer, por exemplo: "Se esta emoção tivesse forma corporal, que aspecto adotaria? (e lhe pedimos que adote concretamente esta forma). Ato contínuo C solicita a A (agora escultura) que acrescente um texto ou roteiro", isto é: "o que a escultura diz ou expressa?" (por exemplo, "lhe odeio, vou lhe matar" ou "estou muito contente, quero compartilhar minha alegria").

d) Esculpir o bloqueador de emoções e dar-lhe um roteiro. C pede a B (que até agora observa atentamente o acontecido) que assuma o papel da escultura com a mesma expressão e pede a A que assuma corporalmente a forma "daquilo" que funciona como bloqueador dessa emoção, aquilo que não permite sua expressão; e também que acrescente um roteiro ou texto igual ao que foi feito anteriormente com a escultura.

e) Entrevista com o bloqueador. Fica então armada uma escultura de duas pessoas, cada uma dizendo seu roteiro. C (*coach*) pede que ambas fiquem em silêncio e começa uma entrevista com o bloqueador. Por meio de perguntas facilitadoras, convida o bloqueador a refletir e tomar consciência:

- Que papel desempenha na vida de ... (nome do protagonista)?
- Desde quando (tempo do evento-chave) está com ele(a)?
- O que aconteceria com ... se você não estivesse ali?
- Que perigo enxerga na expressão da emoção?
- Que benefícios causa a ... o fato dessa emoção estar bloqueada?
- Quais são as consequências negativas ou prejuízos trazidos a ... pelo fato de ter esta emoção bloqueada?
- Que segurança, promessa e apoio são necessários para permitir ou deixar que ... se conecte mais com sua emoção?
- Que ações vê como possíveis para que ... comece a se conectar com esta emoção?

Encerramento

A, B e C compartilham durante cinco minutos suas emoções. Primeiro cada um fará isso a partir do papel que assumiu e logo depois o fará a partir de suas próprias histórias ou vivências pessoais.

Se os três quiserem investigar a si mesmos, repete-se o exercício rodando os papéis.

Sugestões

Não ataque o bloqueador. Na verdade, ainda que os resultados sejam não desejados, o bloqueador tem boas intenções, pois deseja ajudar a pessoa. Naquele momento original, quando apareceu na vida do protagonista, sua intenção foi de sustentar e colaborar, não de machucar ou prejudicar. Em linhas gerais, o bloqueio obedece ao medo, de machucar os outros ou ser ferido, do ridículo, de ficar exposto, etc. Ajude-o a expressar-se e a que se explique com total liberdade. Não o julgue.

Em suas falas está guardada uma enorme oportunidade de tomar consciência.

Evite o conselho. Este é um espaço para se indagar no domínio do emocional, compartilhar e abrir novas possibilidades de ação. Não é um espaço de resolução de conflitos e muito menos de situações traumáticas.

Este exercício foi projetado como disparador de aprofundamentos posteriores, e não como solução imediata ou mágica.

58. REGISTRO DE EMOÇÕES

Esta é uma prática que costumo recomendar a meus *coachees*, sobretudo em momentos existenciais muito atravessados pela emocionalidade, e também por seu polo oposto, quando as emoções estão negadas ou bloqueadas.

Objetivos

- Observar focalizando nas próprias manifestações emocionais e aprender com elas.

Comando e Desenvolvimento

O *coach* diz:

– Escolha dois dias da semana. Um dia útil e outro no fim de semana, com tempo livre. Nestes dois dias, desde a hora de acordar até o último momento da noite, transforme-se num observador das suas emoções. Anote em um bloquinho que carregará com você qualquer observação relevante sobre mudanças ou manifestações de sua emocionalidade.

Lembre-se de que não escolhemos nossas emoções; mas, sim, podemos escolher nossas ações. Não existe uma forma adequada ou correta de fazer esta prática; não existe uma forma "boa" ou "correta" de se emocionar.

Sugestões para o Melhor Aproveitamento do Exercício

Não se julgue pelos julgamentos que podem aparecer a partir da observação das suas emoções.

E também não lute com essas emoções. Aceite-as. Apenas observe. Não deixe passar muito tempo sem anotar algo; a ideia é fazê-lo com a maior frequência possível; por exemplo, poderia ser com um mínimo de uma vez por cada hora do dia. Pode acontecer que em virtude dos seus compromissos ou atividades, não disponha de todo o tempo; por isso, o que deve anotar são algumas palavras, uma frase, um telegrama, um juízo, um relato, etc.

Tudo é válido e é de boa ajuda usar a memória para reconstruir logo o relato em uma forma mais completa. Deixe que flua espontaneamente a forma de fazê-lo. Inclua observações sobre o que se manifesta em seu corpo enquanto registra essas emoções.

Ao fim da semana, e de posse das suas anotações desses dois dias, reflita sobre elas.

Aqui vai uma ajuda com os seguintes disparadores-guia, que podem ser ampliados com suas contribuições pessoais:

- Como foi emocionalmente realizar este trabalho?
- O que descobriu sobre você mesmo na observação?
- Que diferenças e/ou semelhanças encontrou entre as emoções manifestadas durante os dois dias observados?
- Que dificuldades você encontrou para a observação e o registro de suas emoções?

Seria útil escrever um breve relatório sobre:

- O que aprendi com este exercício?
- Em que medida ele foi uma oportunidade?

59. O Assado Queimou

Objetivos

- Trabalhar com o tema das emoções e incluir a linguagem corporal.
- Animar e energizar um grupo cansado.
- Divertir e entreter um grupo.

Participantes

Grupo sem limite de integrantes.

Duração

30 minutos.

Material

Envelope contendo papéis com emoções: desgosto, tristeza, alegria, culpa, etc.

Lugar

Um salão que permita que os participantes façam um círculo. Também pode ser realizado como prática ao ar livre.

Preparação

Se o grupo é muito grande, divide-se em grupos de até oito pessoas.

Se o grupo é pequeno ou médio, se fará com um só grupo.

Desenvolvimento

a) Colocados todos em círculo, um participante retira do envelope um dos papéis que traz escrita uma emoção. Sem dizer qual é esta emoção, iniciará a roda dizendo a quem está à sua direita: "O assado queimou", mas com a emocionalidade e os gestos e expressões corporais correspondentes. Seria diferente se o papel dissesse "raiva" ou "entusiasmo".

b) A pessoa à direita deve responder o que lhe ocorrer, mas sempre com a emocionalidade que acredita ter captado do outro e também com o gestual apropriado.

c) A seguir deverá continuar passando a "notícia" de que "o assado queimou", e assim até que termine a roda. Aquele que recebe a notícia deverá assumir a mesma atitude que aquele que a transmite. Ao finalizar, deverão dizer qual acreditam ter sido a emoção retirada do envelope.

d) A seguir são retirados outros papéis com diferentes emoções e também mudando de "notícia". Por exemplo: "acabou o sorvete", "parou de chover", "João se foi", etc.

Capítulo X
Trabalho em Equipe

60. Qualidades de um Líder

Objetivo

- Promover o diálogo acerca das características ou particularidades de um líder integrado a um trabalho com compromisso corporal.

Materiais

Canetas e folhas de papel.

Preparação

Começa com o grupo em conjunto.

Comando

a.) "A equipe dialogará e compartilhará opiniões revelando quais considera ser as competências ou qualidades de um líder. Estas características serão anotadas em uma folha de papel. Vocês têm 20 minutos para fazê-lo. Como as características podem ser infindáveis, a quantidade delas que vocês apresentarão deve ser igual à metade do número de participantes."

Por exemplo, se são 14 os presentes, deverão apresentar sete particularidades.

Se trabalhamos com grupos muito grandes, os dividimos em dois ou mais subgrupos menores.

b) Uma vez finalizada a troca de opiniões e tendo sido definidas as qualidades inerentes a um verdadeiro líder, eles se dividirão em duplas e cada uma delas escolherá uma qualidade da lista que o grupo selecionou.

Cada dupla terá de criar uma imagem ou escultura – estática ou em movimento – que represente corporalmente a qualidade escolhida.

c) Uma vez que todas as duplas tenham apresentado sua imagem, será o grupo ou equipe em sua totalidade que terá de construir uma nova imagem corporal única que inclua todas as características apresentadas anteriormente.

Nota

O processo de formação das duplas pode ser por escolha simples ou utilizando algum dos exercícios propostos neste livro (ver atividades 18 e 19: Encontrar o complementar I e II).

Encerramento

Processamento e comentários finais sobre o tema e o que foi realizado.

Variação

Se houver tempo suficiente e com o cuidado de não se desmotivar o grupo por excesso de atividades.

Antes de passar para a etapa c) – imagem grupal em conjunto – e depois de cada dupla ter apresentado sua imagem, pode-se pedir a eles que, além da própria, todos reproduzam cada uma das formas como uma maneira de experimentá-las; também se pode oferecer sugestões como contribuição para o que foi criado pelos demais.

A "Rádio-Corredor".
As Rotinas Defensivas nas Organizações

Gregory Bateson, considerado o pai da terapia familiar sistêmica, descobriu em seus estudos, baseados nos trabalhos realizados com familiares de pacientes esquizofrênicos, que esses grupos repetiam um padrão de conduta que, de forma resumida e muito esquemática, se dava da seguinte maneira: o paciente recebia uma mensagem do progenitor ou de outra pessoa com autoridade sobre ele; sobre esta indicação se enviava uma outra, contraditória à anterior (ambas com uma velada ameaça de reprovação ou castigo); logo, essa contradição não podia ser discutida e, finalmente, para fechar o círculo, havia uma proibição de falar sobre essa "indiscutibilidade" anterior.

Como processo inconsciente, isso gera um dano psíquico e emocional ao paciente, que responde geralmente com uma dissociação e/ou ruptura com o exterior. O temor do castigo ou da retaliação faz com que não possa se comunicar. Muitas vezes essa ameaça nem sequer é verbalizada; basta um gesto corporal.

> *Lembro o caso de um pai que, em uma sessão no hospital, diante de seu grupo familiar, dizia: "Porque nesta família, todo mundo tem liberdade de opinar! ... Ou não?" Esta última breve pergunta veio acompanhada de uma inclinação do corpo para a frente e com o cenho franzido, claramente ameaçador.*

Posteriormente, Chris Argyris (1985) e Donald Schon, especialistas em comportamento organizacional, baseados nessas observações, encontraram analogias no comportamento e na comunicação nas organizações e desenvolveram o conceito de rotinas defensivas organizacionais. São também os padrões de conduta que impedem o aprendizado (expandir a capacidade de ação efetiva) de uma equipe ou organização. Indicações e ordens contraditórias que geram um resultado contrário ao esperado.

> *Em certa ocasião, escutei um líder dizer: "Não serão tão tolos a ponto de prestar atenção a tudo o que eu digo!" Mas o que ocor-*

> ria? A mensagem que estava transmitindo na realidade era: "Se prestarem atenção em tudo o que digo, então são tolos, mas se não prestarem atenção correm sérios riscos". O resultado era inação e produtividade zero. O paradoxo era que logo vinha o mesmo líder perguntando: "Estou achando vocês desmotivados... aconteceu alguma coisa?" Mas também não havia contexto criado para poderem conversar sobre isso.

Estas rotinas se traduzem logo na constituição de "inomináveis". Esses são os temas que todos conhecem mas sobre os quais não se fala ou se fala nos lugares menos indicados e com as pessoas erradas.

Sem dúvida alguma, essas condutas não são gratuitas. Além de serem geradoras de patologias, têm um custo enorme no pessoal, no interpessoal e nos resultados do trabalho. Como diz Peter Senge (1996), "as rotinas defensivas devem permanecer ocultas para conservar seu poder. As equipes se agarram às rotinas defensivas apenas quando fingem que elas não existem, que tudo está bem e que podem dizer tudo".

As rotinas defensivas organizacionais são como bombas-relógio preparadas para explodir. Se isto ocorre, as consequências são desastrosas. A má notícia é que não conheço qualquer organização em que não haja essas rotinas. A boa notícia é que elas podem ser desativadas. A metodologia para isso é o diálogo e a comunicação. Assim como os conteúdos que ficam em nossas "colunas da esquerda"[33] também os "inomináveis", se aprendermos a processá-los, podem ser fonte de energia potencializadora.

Gerar contextos para que isto ocorra também é tarefa do líder/*coach*. Poder conversar produtivamente abre oportunidades de aprendizagem.

Os três exercícios a seguir são efetivos e poderosos e não podem ser realizados "a frio". O *coach* deverá investir tempo previamente para gerar contexto para sua realização. Geralmente, com exercícios anteriores de confiança ou depois de meio dia ou uma jornada completa de trabalho.

---

[33] Ver o método das colunas em Wolk, *op. cit.*

Objetivos

São práticas comunicacionais para dar *feedback* ou conversar produtivamente sobre algum tema considerado espinhoso ou difícil em um contexto de diálogo (não de confrontação), segurança psicológica, respeito e com o ânimo de que o exercício se transforme em uma oportunidade para todos (no dar e receber) e para projetar o futuro. O propósito nunca poderá ser de revanche, denúncia ou maus-tratos.

O facilitador deverá ter experiência no diálogo, sendo muito rigoroso em apresentar os comandos para a tarefa, estando muito atento a qualquer desvio durante sua realização.

Os participantes deverão dialogar baseados em fatos que fundamentem suas opiniões.

Lugar

Sala com cadeiras dispostas em círculo viradas para dentro, exceto uma, que estará virada para fora.

Sem mesas.

Material

Canetas e folhas de papel, que serão utilizadas pelos participantes para suas anotações pessoais.

Tempo

Dependerá da conformação de cada grupo/equipe. Às vezes são necessárias várias horas. Nesse caso, pode-se fazer um breve recesso, mas tomando cuidado para evitar que os participantes "esfriem".

Consideraremos três situações:

Feedback **a uma ou várias pessoas;** podem ser somente alguns ou todos/cada um dos membros do grupo ou equipe.

Feedback **a uma parte diferenciada do grupo ou equipe.** Por exemplo, aos diretores, gerentes de alguma área, aos responsáveis por um projeto, etc.

Um ou vários temas desafiadores ou considerados difíceis ou arriscados.

61. Falar na Ausência I

Comando

Cada participante conta com elementos para escrever (folha, caderno e caneta).

Em silêncio, e acompanhados por música-ambiente, todos os participantes gastarão alguns minutos para escreverem individualmente sobre: "O que acredito que os demais falam sobre mim, sobre a minha função" ou "o que acredito que eles dizem quando não estou presente", esclarecendo que ninguém será obrigado a tornar público o conteúdo a menos que escolha fazer isso voluntariamente. Depois de escrever, cada participante guardará seus escritos e se preparará para o exercício grupal.

Preparação

Todos sentados, em círculo, com a possibilidade de se observarem.

Desenvolvimento

O participante que receberá o *feedback* em primeira instância se senta na cadeira virada para fora do círculo. O facilitador declara que isso simboliza a "ausência" dessa pessoa e que "aproveitando" esta situação (na suposta rádio-corredor), falaremos dela, de seus pontos fortes e fracos e de suas oportunidades.

O facilitador sempre relembrará a importância de aproveitarem esta situação como uma "oportunidade" para todos, mas fundamentalmente para que o ausente expanda sua capacidade de ação efetiva.

Insisto, nunca será um ato de revanchismo para ninguém. Para isso, deve-se gerar previamente um contexto adequado.

De acordo com a quantidade de participantes, dá-se um tempo para dialogarem sobre o "ausente". Durante essa troca, cada um vai expressando suas observações e opiniões enquanto os demais escutam ativamente. Este não é um espaço para julgamentos, não é preciso chegar a um acordo ou consenso sobre nada, é possível ter opiniões desencontradas. Não há nada que decidir nem nada para se resolver. O que se busca não é uma catarse. É um ato de entrega e amor pelo "ausente". Por isso é importante equilibrar "as flores e as pedras". Somente flores ou somente pedras não trarão uma oportunidade para ele(a).

Algumas perguntas-guia, disparadoras para a intervenção dos participantes podem ser:
- Como vejo esta pessoa.
- Quais são seus pontos fortes e suas deficiências.
- O que eu gostaria que mudasse ou que fizesse de forma diferente.
- Que pedido lhe faria.
- Compartilhar um caso ou situação relevante dessa pessoa, etc.

Esgotado o tempo estabelecido, e mesmo que nem todos tenham falado, convida-se o "ausente" a voltar ao grupo, compartilhando a partir dos seguintes disparadores:
- O que sentia antes de começar?
- O que acreditava que diriam sobre você?
- Como se sente agora com o que foi dito e ouvido? Sente que o que foi dito é uma oportunidade?
- O que vai fazer com o que escutou?

Esta parte final não é para responder às coisas escutadas. Isso poderá ser feito em outros momento e lugar, à escolha dos interessados.

Havendo finalizado o trabalho com um dos participantes, começa o turno seguinte, repetindo-se a mesma metodologia até que todos tenham passado por ela.

Neste momento, pode-se fazer uma rodada de encerramento, compartilhando opiniões sobre o exercício.

62. FALAR NA AUSÊNCIA II

Com o mesmo contexto do exercício anterior, mas nesse caso não se falará "do" ausente, mas sim "dos" ausentes. Não se falará de uma pessoa, mas sim sobre o grupo. É ao conjunto que se dá o *feedback*.

Esta é uma excelente opção quando o *coach* considera que o exercício mencionado anteriormente – referindo-se a pessoas – poderia ser extremamente desafiador.

Lembro como consultor de várias intervenções realizadas em equipes que tinham conflitos "inomináveis" ou "indiscutíveis" entre diferentes gerências, assim como entre áreas de uma mesma diretoria ou gerência. Por exemplo, em uma empresa elaboradora de alimentos com sérias dificuldades de comunicação entre a área de operações e a área de manutenção. Outra, na Direção de Sistemas de uma multinacional de telecomunicações com sérias rivalidades e desconfianças entre diferentes áreas de uma mesma diretoria.

Objetivo

- A abertura de diálogos produtivos e transparentes para o posterior desenho de ações que possibilitem encurtar brechas entre a equipe atual e a equipe desejada.

Desenvolvimento

Uma das equipes ou áreas – dependendo do caso – senta-se em círculo, voltado para dentro. Outro setor ou área também se senta em círculo por fora, ao redor do primeiro.

Os que estão no círculo exterior terão uma tarefa difícil: praticar a escuta ativa. Não poderão falar (mais tarde terão a oportunidade de fazê-lo), apenas escutar, sem interromper em qualquer circunstância, já que supostamente estão ausentes. O que fazemos simbolicamente é representar a "rádio-corredor".

Os do círculo interior, dependendo da quantidade de pessoas, disporão de um tempo para dialogar, como no exercício anterior, sem a necessidade de se chegar a um consenso ou acordo, nem convencer ninguém de nada.

O diálogo girará em torno dos seguintes disparadores oferecidos pelo facilitador, que também controlará o tempo:

- Como acreditamos que somos vistos por... (a outra área, equipe, setor, etc.)?
- Como contribuímos – pelo que fazemos ou deixamos de fazer – para que sejamos vistos ou considerados desta maneira?
- Como gostaríamos de ser vistos por... (idem)?
- Que pedido faríamos a... (a outra equipe, área, setor, etc.) para encurtar brechas com respeito à situação que nos aflige?

Nota

É muito importante levar em conta que aqui não se fala de uma pessoa em particular, mas sim nos referimos a toda uma área ou setor.

Findo o tempo estabelecido para o diálogo, ambas as equipes mudam de lugar, sendo os do círculo exterior os que se sentarão no interior, e vice-versa.

Os que estão no interior desdobrarão sua ação em dois momentos:

a) Conversarão brevemente sobre "como vemos" os da equipe anterior. Deverão fazê-lo respeitando sua visão, independente da crença dos outros, e não devem contestar ou responder o que escutaram vindo da outra equipe.

b) Dialogando como equipe com os mesmos 4 disparadores anteriores.

Terminado o tempo, novamente retornam os que estavam no exterior do círculo e haverá um breve diálogo sobre "como os veem", mas para além da crença que o segundo grupo possui.

Uma instância final possível é abrir um diálogo com o total de participantes e até mesmo trabalhar no desenho de futuro com acordos e compromissos conjuntos.

63. AS CARTAS ANÔNIMAS

Este é um exercício destinado a facilitar a exposição e abrir temas conhecidos por todos (ou pela maioria) dos participantes, mas que sempre são conversados fora do lugar aos quais correspondem e também com outros, mas não com a pessoa indicada. Também se propõe a facilitar a abertura de diálogos produtivos para resolver, reparar e superar situações que inibem a ação produtiva de uma equipe (por exemplo, preferências do chefe, escala de remuneração, conflitos interpessoais, falta de colaboração entre as áreas, etc.). São os conhecidos "eu sei que você sabe que eu sei, mas não se fala do que todos sabemos".

Objetivo

- Permitir que temas ou agendas ocultas encontrem expressão e possibilidade de diálogo.
- Evidenciar estados de tensão na equipe e/ou entre os membros do grupo.
- Descobrir conflitos que não foram verbalizados.

Tempo

Aproximadamente 60 minutos.

Materiais

Canetas e folhas de papel para cada participante.
Flip-chart e folhas de papel.

Lugar

Um salão amplo fechado para que os participantes possam estar cômodos e com intimidade para cada grupo de trabalho.

Desenvolvimento

Depois da introdução conceitual e geradora de contexto para a tarefa, pede-se que:

a) Em silêncio, individualmente e de forma anônima, escrevendo com clareza e em letra de fôrma, responder em uma folha de papel (deverão ser todas iguais em tamanho e forma para evitar sua identificação) aos seguintes disparadores:

- Acredito que existem coisas "indiscutíveis" na equipe?

- O que impede que este tema ("indiscutível") seja compartilhado abertamente?
- Qual é a ameaça ou consequência não desejada de discuti-lo?
- Qual o impacto desse "indiscutível" no pessoal, no interpessoal e no resultado das ações da equipe?
- O que desejo fazer a respeito desse "indiscutível"?

    Descreva agora esse "indiscutível" e/ou a situação que melhor o explique para os demais.

    Faça-o de tal maneira que não se possa saber se quem escreveu é homem ou mulher, nem sua identidade ou cargo.

b) Finalizada a escrita, todos os papéis são dobrados de igual maneira e introduzidos numa urna ou recipiente. Misturam-se.

c) Cada pessoa retirará um dos papéis, lendo-o em silêncio e de forma pessoal, apropriando-se de seu conteúdo como se fora de sua autoria (pode ser que efetivamente o seja).

    Ninguém deverá fazer gestos ou piadas para dar a entender que não foi o que originalmente escreveu (por exemplo, que não entende a letra. Para jogar, temos que jogar seriamente.)

    Esclarecer que não se trata de descobrir quem escreveu cada papel, mas sim de dialogar sobre quais são os "indiscutíveis" e por que não podem ser mencionados os riscos e os benefícios de fazê-lo.

d) Abre-se o diálogo no qual cada participante exporá abertamente suas crenças e compartilhará o "indiscutível" que lhe tocou como se fora o seu próprio.

A partir daí, os caminhos de ação são vários e fica à escolha do facilitador decidir o mais apropriado para a ocasião. Algumas possibilidades são:

Elabora-se uma lista dos temas emergentes, anotando-os em um *flipchart* ou em papéis presos a um mural, agrupando-os por temas (sem dúvida, muitos serão coincidentes).

Eleger uma ordem de prioridade e abrir um diálogo amplo a respeito de cada tema.

Dividir-se em pequenos grupos para o diálogo por temas, com um tempo determinado para voltar e em seguida compartilhar com o grupo ampliado. As opções são que cada grupo escolha um tema diferente ou que abarquem todos.

Reunir finalmente o grupo ou equipe em seu conjunto e abrir um diálogo no grupo grande.

Formar subgrupos de cinco participantes para dialogar sobre os temas emergentes.

Encerramento

Em pequenos grupos, fazer propostas de ação para sua resolução que logo serão avaliadas pelo conjunto.

Se as Condições Ainda não Tiverem Aparecido

Destacar que talvez este não seja o momento de resolver os temas. A equipe deverá gerar um contexto de maior confiança e confiabilidade para poder fazê-lo. Sim, este é um momento para compartilhar a partir da emoção. Como se sentem com o que foi expressado e escutado?

Ressaltar que, ainda que a equipe não tenha resolvido quaisquer dos temas, já é um enorme sucesso ter podido enunciá-los e expressar a intenção de gerar novas respostas.

Se a Equipe Gerou o Contexto

Dividir-se em pequenos grupos e durante trinta minutos dialogar e apresentar três ou quatro propostas. Delinear possíveis ações para começar um processo de mudança.

No grupo ampliado apresentar propostas e gerar acordos e ações.

64. Auxílio e Apoio

Objetivos

São vários; entre os mais destacados:

- Estabelecer a analogia desta atividade com o significado de trabalhar em equipe.
- Preparar-se para a ação.
- Energizar (por exemplo, para reiniciar a tarefa após o almoço).

Participantes

Para se trabalhar em grupo, sem limite de integrantes.

Preparação

Todo o grupo de pé.

Comando

O facilitador solicita que pensem em um número de 1 a 9, sem dizê-lo.

A seguir – para fazer um rápido equilíbrio entre os números escolhidos – solicita que vão levantando as mãos os que pensaram no número 1, depois 2 e assim até o 9.

Desenvolvimento

O conjunto de participantes se desloca pelo salão em silêncio e quando o facilitador mencionar um dos números, todos aqueles que o escolheram levantam as mãos e se deixam cair lentamente, como se estivessem afundando na água e pedindo socorro. O resto do grupo deverá correr em sua ajuda e sustentá-los para que não caiam.

Seguir assim algumas vezes. Depois, pode-se dificultar um pouco, mencionando dois números ao mesmo tempo, ou até três de uma vez.

Observações

O efeito deste exercício é muito dinamizador e cria um clima relaxado, dispondo para a ação e possibilitando também reflexões posteriores sobre o funcionamento de equipes, a possibilidade de fazer ou não pedidos e ofertas, escuta ativa e confiança, etc.

65. De Porto Seguro a Ponto Futuro[34]

Missão

Navegar de Porto Seguro a Ponto Futuro.

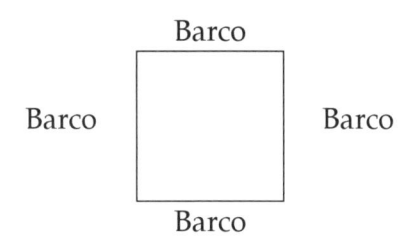

```
           Barco
        ┌────────┐
  Barco │        │ Barco
        │        │
        └────────┘
           Barco
```

É importante criar uma atmosfera lúdica, gerando um cenário adequado ou aquecendo com cenas imaginárias.

Comando e Desenvolvimento

O *coach* diz:

– Cada barco deverá sair de Porto Seguro e chegar a Ponto Futuro. Isto é, deverá navegar até o outro lado do quadrado, que está em frente ao respectivo barco. Todos os tripulantes devem chegar levando o próprio barco (suas próprias cadeiras).

Condições

O mar está muito bravo e cheio de tubarões famintos.

Nenhuma parte do corpo pode tocar a água (o piso).

O barco (as cadeiras) não pode ser arrastado.

Desafio

Todos os barcos devem chegar a Ponto Futuro.

---

[34] Exercício que aprendi com meus amigos do Brasil: entre eles Inês Cozo Olivares e Eduardo Carmello (2001).

Obstáculos

É possível introduzi-los deixando-se alguns participantes com os olhos vendados, ou amarrando as pernas ou as mãos a outros. A intervenção de "piratas", impedindo-os de falar, etc. São úteis para investigar a cooperação e as respostas frente a imprevistos.

Nota

É muito importante comemorar o sucesso ao final.

66. TRAVESSIA NA SELVA[34]

Objetivos

- Experimentar e avaliar o trabalho individual, em duplas e da equipe. Identificar e valorizar as diferenças individuais.
- Percepção, comunicação e cooperação nas relações interpessoais.
- Desenvolver visão compartilhada nas estratégias.
- Observar estilos de liderança, organização e planejamento para uma tarefa em equipe, divisão de tarefas.
- Observar reações próprias e da equipe diante de situações adversas.

Material

Fita adesiva para marcar.

Preparação

O facilitador preparará previamente o "cenário", marcando com a fita uma área de entrada e outra de saída. Todo o interior será um grande pântano. Entre ambas, desenhará um espaço demarcando três "ilhas" (maiores, para a passagem em equipe) e cinco "pedras" (menores).

As ilhas deverão ser construídas de diferentes tamanhos; a maior estará instalada mais perto da área de partida.

---

[34] Exercício que aprendi com Yudi Yosso, amigo brasileiro e especialista em jogos dramáticos.

Comando e Desenvolvimento

Travessia individual: os participantes deverão cruzar o pântano até a outra área apoiando-se apenas nas pedras. Não se pode pisar sobre a fita ou fora dela. Caso faça isso, deverá voltar ao ponto de partida. O facilitador será o juiz.

Travessia em duplas: seguindo as mesmas regras, devem fazer a travessia em duplas, de mãos dadas. Caso se soltem, deverão voltar ao começo.

Em trios: igualmente. Somente poderão soltar as mãos enquanto não estiverem em movimento.

Travessia em equipe: as regras são as mesmas, exceto que não necessariamente deverão dar as mãos; a decisão estratégica é da equipe. Se alguém pisar sobre ou fora da fita, todos deverão reiniciar. Outra nova restrição é que não poderão passar para a ilha seguinte até que todos estejam nela. Havendo três ilhas (que irão diminuindo em tamanho), só poderão saltar para outra ilha quando todos estiverem na anterior.

Durante a travessia, o facilitador poderá diminuir o tamanho das ilhas, não com o intuito de castigar os participantes, mas sim como modo de criar dificuldades, obstáculos ou situações imprevistas.

Também pode dizer que surgiu uma tempestade de areia que deixou três ou quatro membros "cegos". Outra possibilidade seria reduzir o tempo para a conclusão.

67. O Desafio

Desenvolvimento

a) Formam-se dois grupos, A e B, dispostos em duas filas frente à frente, separados por uma distância prudente, simulando serem duas "turmas", cada uma com um líder.

b) O líder do grupo A avançará com um movimento e um som. Ele o repetirá um par de vezes, até que os membros do grupo possam reproduzi-lo e então acompanharão o seu líder nos movimentos rítmicos e sonoros. Os participantes do grupo B deverão retroceder, mantendo a distância inicial.

c) Quando chegarem ao fundo do salão, surgirá o líder do grupo B, que também mostrará seus próprios movimento, ritmo e som como resposta ao grupo A. Uma vez aprendido, avançarão, e o grupo A recuará, mantendo a distância.

d) Quem foi líder na primeira volta dará seu lugar para outra pessoa, que gerará um novo movimento.

Repete-se esta rotina umas vezes mais para que vários tomem a liderança e para que haja uma variedade expressiva e criativa na ação.

68. Ritmo e Respiração

Desenvolvimento

Formam-se dois grupos.

É um trabalho em dois momentos:

Momento 1

Todos inspiram profundamente e a seguir expiram, deixando sair um som que será sustentado pelo máximo de tempo possível.

Momento 2

Um grupo entoa uma melodia enquanto o outro acompanha ritmicamente com a respiração, inspirando e expirando. Fazê-lo de tal modo que sejam complementares e não competitivas. Ambos os grupos devem se escutar.

A seguir, invertem-se os papéis.

Ver o que se Observa

Há três afirmações que defino como "mentiras" em teoria da comunicação. Elas são: "o que digo é o que você escuta"; "o que escuto é o que você diz" e "o que vejo é o que É".

O que vemos está atravessado e condicionado por nossos sistemas de crenças e a maneira particular de "observar" o mundo.

Objetivos

- Explorar os diferentes tipos de linguagem: verbal, corporal e emocional.
- Trabalhar com o conceito de observador e os modelos mentais.

69. PERSONAGENS, PAPÉIS E IMAGENS

Participantes

Grupal.

Desenvolvimento

Uma pessoa inicia uma ação – sem palavras – imaginando um papel ou personagem e o cenário onde ocorre.

Uma segunda pessoa escolhe um papel que crê ser complementar do primeiro (esposa, chefe, irmão, amigo, etc.) e aproximando-se através de ações físicas visíveis começará a interagir sem palavras. O primeiro personagem tentará descobrir qual é esse papel e estabelecer a relação. Ao cabo de alguns instantes poderá entrar em cena uma terceira pessoa em outro papel, e assim sucessivamente, até que o grupo ou o *coach* facilitador dê por finalizada a cena.

Trabalhar sem palavras possibilita um melhor relacionamento através dos sentidos.

Encerramento

Compartilham-se as observações e crenças a partir do observador que cada um foi em relação com aquilo que o protagonista inicialmente imaginou.

70. Personagens, Ação e Palavra

Preparação

Dividir o grupo em três subgrupos.

Comando

O *coach* diz:

– Cada grupo terá que pensar em uma breve cena para representar e que, em poucos minutos, tenha um início, um desenvolvimento onde haja personagens, um espaço onde ocorrem os acontecimentos e um encerramento ao final. Para isso, têm 15 minutos.

A temática para a cena será baseada em um tema emergente do que se está trabalhando em equipe, uma cena da organização ou do trabalho, alguma situação específica que particularmente lhes interesse etc.

Não é necessário que todo o grupo participe da cena, mas é solicitado que o maior número de pessoas possível faça intervenções.

Desenvolvimento

Uma vez que todos os grupos tenham definido sua cena, eis os passos a seguir:

a) Assinalamos um setor do salão que será o cenário e outro que será o espaço do público, que deverá permanecer muito atento às suas próprias observações e emoções.

b) O primeiro grupo entra no cenário.

Somente agora o *coach*/facilitador irá anunciar a seguinte modificação dos pontos: "por enquanto esse grupo fará a imagem estática (sem movimento e sem palavras) do que seria o momento da cena que preparou. Faz. Os outros participantes na qualidade de público irão observar e farão inferências com relação à suposta cena.

c) Os membros do segundo grupo passam ao palco e tomam os lugares, posições e gestos do primeiro (que irão se retirar para fazer parte do público) e, a partir daí, desenvolvem a cena de acordo com o que suas observações e inferências anteriores os fizeram crer do que se tratava. Será feito com ações mas sem palavras.

d) Vai ao palco o terceiro grupo, que deverá representar a cena do primeiro mas acrescentando ações e palavras.

e) Finalmente o primeiro grupo volta ao palco e apresenta de forma completa o desenvolvimento de sua cena.

A mesma dinâmica acontece com todas as outras cenas.

Encerramento

O grupo/equipe completo se reúne para compartilhar e processar aprendizagens sobre temas como a comunicação efetiva, linguagem corporal, verbal e emocional; modelos mentais; observações, julgamentos, inferências, etc.

Nota

Pode ser praticado com dois grupos. Neste caso o segundo grupo colocará ações e palavras na imagem estática do primeiro.

71. EMBLEMA PESSOAL, GRUPAL OU DA EQUIPE

Um excelente exercício de projeção e introjeção para trabalhar e/ou nos darmos conta de aspectos de nós mesmos.

Participantes

Pode ser trabalhado individual ou grupalmente.

Materiais

Folhas grandes de *flip-chart*. Vários materiais para escrever e/ou desenhar.

Desenvolvimento

O *coach* diz:

– Existe o uso de escudos de armas ou coisas que representam a linhagem de uma família, trata-se de fazer um emblema que represente ao autor. Ele deve conter símbolos de tudo aquilo que cada um acredita que lhe caracteriza ou o define; de qualquer área ou aspecto de sua vida ou de sua pessoa. Pode se referenciar a aspectos materiais, emocionais, espirituais, físicos, culturais, profissionais, etc.

Uma vez finalizado, observá-lo e descrever o porquê de cada símbolo.

Finalmente, em um solilóquio, dizer qual é a emoção diante do que foi feito e ao se dar conta.

Variações Possíveis

Caso se trate de um grupo, uma vez que cada um confeccionou seu emblema pessoal, os outros membros poderão acrescentar ao original tudo aquilo que consideram que faz parte desta pessoa; são as diferentes visões dos outros que completarão uma imagem de não apenas como se vê, mas também como é visto pelos demais com seus aspectos positivos e negativos, com seus pontos fortes e fracos, com o que tem e o que falta.

Se é um trabalho em equipe o comando será para que a equipe em seu conjunto produza o emblema que os identifica. Será pedido que se vejam objetiva e criticamente com acertos e erros.

Outra possibilidade da qual pessoalmente gosto muito, porque considero que abre enormes possibilidades de questionamento e tomada de consciência, válida tanto para pessoas como para grupos ou equipes, é pedir para que façam dois emblemas: um para a pessoa ou equipe que são e outro para a pessoa ou equipe que gostariam de ser.

Trabalhar sobre a distância entre uma imagem e outra. Pedir que considerem quais são os obstáculos entre a realidade atual e a desejada.

Definir ações que na sua opinião possibilitem diminuir as distâncias.

Assumir compromissos de ação pessoal ou grupal.

Epílogo

Chego ao final desta parte da minha travessia. Para você, querido leitor que me acompanhou até aqui, vai o meu desejo de que estes aprendizados e experiências sejam úteis para expandir sua consciência e para contribuir com um mundo melhor.

Reitero minha convicção de que nem tudo foi dito, que existe ainda muito território para se descobrir. Convido-lhe a continuar explorando através de sua própria vivência.

> *O mestre pregava sua doutrina na forma de parábolas. Ele dizia a seus discípulos:*
> *– Tens que compreender que a distância mais curta entre o homem e a verdade é um conto. Não desperdiçais os relatos. Uma moeda perdida pode ser encontrada com a ajuda de uma vela, e a mais profunda verdade com a ajuda de um breve e simples conto.*

Alguns anos atrás, no encerramento de um curso de formação anual de *coaches*, um dos participantes nos presenteou com o seguinte relato:

> *Eu estava em um aeroporto e vi dois homens se despedindo.*
> *O voo estava sendo anunciado e na porta de embarque escutei um deles dizendo:*
> *– Irmão, a experiência destes anos compartilhados tem sido mais do que o suficiente. Desejo a você o suficiente também.*
> *O abraço de despedida foi muito apertado, depois partiu. O que ficou caminhou até a janela onde estavam sentados. Ali parado*

> *ele pareceu que queria e tinha a necessidade de falar. Tentei não ser um intruso em sua privacidade, mas ele me perguntou:*
> *– Alguma vez disse adeus a alguém muito querido?*
> *– Sim, já disse...Desculpe perguntar qual é a relação de vocês?*
> *– Fomos companheiros de escritório por mais de dez anos; é como um irmão para mim. Ofereceram uma oportunidade no exterior e ele veio terminar algumas coisas que tinham ficado pendentes. Sua família já viajou – disse ele.*
> *– Quando dizia adeus escutei-o dizer "te desejo o suficiente"; posso perguntar o que significa?*
> *Começou a sorrir*
> *– É um desejo que tem passado de geração para geração em minha família. Meus pais e os pais dos meus pais diziam a quem amavam.*
> *Fez uma pausa por um momento e, olhando para cima, como tentando relembrar em detalhe, sorriu mais uma vez e acrescentou:*
> *– Quando dizemos "te desejo o suficiente", estamos desejando à outra pessoa que tenha uma vida cheia de coisas boas que a sustentem.*
> *Depois de uma pausa continuou recitando de memória o seguinte:*
> *Te desejo o sol suficiente para manter sua atitude brilhante.*
> *Te desejo a chuva suficiente para apreciar mais o sol.*
> *Te desejo a felicidade suficiente para manter seu espírito vivo.*
> *Te desejo a dor suficiente para que os pequenos prazeres da vida pareçam maiores.*
> *Te desejo o ganho suficiente para satisfazer seus desejos.*
> *Te desejo a perda suficiente para apreciar tudo o que possua.*
> *Te desejo as "ondas" suficientes para que te levem para além do "adeus".*
> *Então, já com um sorriso largo, se despediu e lentamente se distanciou.*

A você leitor, colega, discípulo, mestre, aprendiz, guia e companheiro:

Te desejo o suficiente!!!

Referências Bibliográficas

ARGYRIS, Chris. *Strategy, change and defensive routines.* Boston: Pitman, 1985.

_____. *Overcoming organizational defenses.* Nova York: Prentice-Hall, 1990.

BATESON, Gregory. *Pasos hacia una ecología de la mente.* Buenos Aires: Lumen, 1998.

BOAL, Augusto. *Jogos para atores e não atores.* Rio de Janeiro: Civilização Brasileira, 1998.

BUBER, Martin. *Yo y tu.* Buenos Aires: Nueva Visión, 1969.

BUSTOS, Dalmiro. *Psicoterapia psicodramática.* Buenos Aires: Editorial Paidós, 1975.

CALVENTE, Carlos. *El personaje en psicoterapia.* Buenos Aires: Letra Viva, 2002.

CAÑEQUE, Hilda. Entrevista ao jornal *Clarín*, 20/11/88.

CENTRO ECUMÉNICO DE EDUCACIÓN POPULAR. *Técnicas participativas para la educación popular.* Buenos Aires: Lumen Humanitas, 1996.

COZZO OLIVARES, Inés e CARMELLO, Eduardo. *Jogos cooperativos nas organizações.* São Paulo: SESC, 2001.

DE MELLO, Anthony. *Quién puede hacer que amanezca.* Santander: Editorial Sal Terrae, 1985.

_____. *La oración de la rana.* Santander: Editorial Sal Terrae, 1998.

GALEANO, Eduardo. *El libro de los abrazos.* Buenos Aires: Editorial Siglo XXI, 1999.

GARRIDO MARTÍN, Eugenio; MORENO, J. L. *Psicologia del encuentro*. Espanha: Soc. de Educación Atenas, 1978.

GERZA. CD *1000 Dinámicas para grupos*. Distribuidora na Argentina, DESA Desarrollo Empresario.

GILI, Edgardo e O'DONNEL, Pacho. *El Juego, técnicas lúdicas en psicoterapia grupal de adultos*. Barcelona: Editorial Granica, 1978.

GRAMIGNA, Maria Rita. *Jogos de empresa*. São Paulo: Editora Makron Books, 1994.

GUTMANN, Davi e IARUSSI, Oscar. *La transformación*. Barcelona: Icaria Editorial, 2005.

HOCK, Dee. *El nacimiento de la era caórdica*. Barcelona: Editorial Granica, 2001.

I Ching. Buenos Aires: Editorial Sudamericana, 1975.

JUNG, Carl. *El hombre y sus símbolos*. Barcelona: Editorial Caralt, 1981.

KESSELMAN, H., PAVLOVSKY, E. e FRYDLEWSKY, L. *Las escenas temidas del coordinador de grupos*. Madri: Editorial Fundamentos, 1978.

KOFMAN, Fred. *Metamanagement*. T. II. Buenos Aires: Editorial Granica, 2001.

LAPLANCHE, Jean e PONTALIS, Jean Bertrand. *Diccionário de psicoanálisis*. Madri: Editorial Labor, 1971.

MARTÍNEZ BOUQUET, Carlos. *Fundamentos para una teoría del psicodrama*. Buenos Aires: Siglo XXI, 1977.

MENEGAZZO, Carlos; ZURETTI, Mónica e TOMASSINI, Miguel. *Diccionario de psicodrama y sociodrama*. Ediciones Fundación Vínculo, 1993.

MORENO, Jacobo L. *The Words of the Father*. Nova York: Beacon House, 1969.

———. *Psicodrama*. Buenos Aires: Ediciones Horme, 1987.

PECK, Scott. *La nueva comunidad humana*. Buenos Aires: Emece Editores, 1991.

ROSINSKY, Philippe. *Coaching y cultura*. Buenos Aires: Gran Aldea Editores.

SCHEIN, Edgard. *La cultura empresarial y el liderazgo*. Barcelona: Plaza & Jones, 1988.

SCHÜTZENBERGER, Anne Ancelin. *Introducción al psicodrama*. Espanha: Editorial Aguilar, 1970.

SENGE, Peter. *La quinta disciplina*. Buenos Aires: Granica, 1992.

STEPHENSON, Peter. *Executive coaching*. Austrália: Prentice-Hall, 2000.

STEVENS, John. *El darse cuenta*. Chile: Cuatros Vientos Editorial, 1997.

BERTALANFFY, Ludwig von. *Teoría general de sistemas*. México: Fondo de Cultura Económica, 2003.

WINNICOTT, D. W. *Realidade y juego*. Buenos Aires: Editorial Granica, 1972.

WOLK, Leonardo. *Coaching, la arte de soplar brasas*. Buenos Aires: Gran Aldea Editores, 1972.

YOZO, Ronaldo Yudi. *100 jogos para grupos*. Brasil: Agora, 1996.

Sobre o Autor

Leonardo Wolk é fundador e diretor do Leading Group, empresa de consultoria que implementa cursos de treinamento em *coaching executivo e organizacional* assim como programas de *desenvolvimento de competências gerenciais* para construção de equipes de alto rendimento.

Obteve sua licenciatura em Psicologia na Universidade de Buenos Aires e cursou estudos complementares em pensamento sistêmico, *coaching* ontológico, psicodrama, aprendizagem organizacional e técnica e dinâmica de grupos, entre outros.

Em seu papel de docente, participou, como convidado nos cursos do *Organizational Leading Center de la Argentina* (ITBA); ministrou aulas na pós-graduação em RH, disciplina Comportamento Organizacional (UCES), na disciplina Técnica e Dinâmica de Grupos (UBA), e foi professor titular de MBA em Recursos Humanos da Universidade del Salvador (USAL), disciplina de Negociação.

Seus programas de *coaching*, Liderança e Aprendizagem Organizacional foram desenvolvidos na Argentina, EUA, Dinamarca, Espanha, Brasil, México, Peru, Venezuela, Colômbia, Panamá e Paraguai.

Empresas e organizações: Nextel Argentina, Telecom Argentina, Molinos Río de la Plata, Sociedad Comercial del Plata, BBVA (Banco Francês), Bimbo Argentina, Ferrum-FV, Miniphone, Columbia Cia. Financeira S.A., Pelikan, Robert Bosch Argentina, Garbarino, Boehringer Ingelheim, TIM (Telecom Italia Mobile), TIM Peru, UOLSinectis, VF Latin America, Red Bull, DirecTV, Instituto FLENI, Supermercados atacadistas MAKRO, HEWITT Associates, EDS Electronic Data System, La Voz del Interior, Pernod-Ricard Argentina e Emmerson Process Management.

Participou como painelista e expositor em encontros nacionais e internacionais. É autor de vários artigos e do livro *Coaching: a arte de soprar brasas*, publicado pela Gran Aldea Editores e Qualitymark Editora.

Desde 1988 desenvolve pesquisas na Argentina e no exterior sobre a teoria e a prática dos grupos, liderança, *coaching*, comportamento organizacional e trabalho em equipe. Desde 1973 trabalha também como psicoterapeuta grupal e psicodramatista.

Seus contatos:

info@leadinggroupla.com

leowolk@arnet.com.ar

www.leadinggroup.com

Telefone: (54-11) 4783-0769

QUALITYMARK EDITORA

Entre em sintonia com o mundo

Qualitymark Editora Ltda.
Rua Teixeira Júnior, 441 - São Cristóvão
20921-405 - Rio de Janeiro - RJ
Tel.: (21) 3295-9800
Fax: (21) 3295-9824
www.qualitymark.com.br
E-mail: quality@qualitymark.com.br

Dados Técnicos:

• Formato:	16×23cm
• Mancha:	12×19cm
• Fontes Títulos:	Humanst777 BT
• Fontes:	Palatino
• Corpo:	11
• Entrelinha:	13
• Total de Páginas:	224
• Lançamento:	2010
• 2ª Reimpressão:	2016